Manual de la buena esposa

RAQUEL BIGORRA

Manual de la
buena esposa

¡BASTA de divorcios!

Prólogo del Dr. César Lozano

AGUILAR

2271 5422 7

Manual de la buena esposa

Primera edición: mayo de 2016

D. R. © 2016, Raquel Bigorra

D. R. © 2016, derechos de edición mundiales en lengua castellana:
Penguin Random House Grupo Editorial, S. A. de C. V.
Blvd. Miguel de Cervantes Saavedra núm. 301, 1er piso,
colonia Granada, delegación Miguel Hidalgo, C. P. 11520,
México, D. F.

www.megustaleer.com.mx

D. R. © 2016, Penguin Random House / Jesús M. Guedea C., por el diseño de cubierta
D. R. © Óscar Ponce, por las fotografías de la autora
D. R. © Javier de la Rosa, por el maquillaje de la autora

ISBN: 978-607-314-289-2

Impreso en México – *Printed in Mexico*

El papel utilizado para la impresión de este libro ha sido fabricado a partir de madera procedente
de bosques y plantaciones gestionadas con los más altos estándares ambientales, garantizando
una explotación de los recursos sostenible con el medio ambiente y beneficiosa para las personas.

Penguin
Random House
Grupo Editorial

Para Alejandro, mi amado esposo. Mi inspiración total, mi rumbo, mi destino. Si te encuentras en algunos apartados, perdóname por desnudar nuestra intimidad. Vamos juntos y aprendiendo siempre. Te amo.

A Rafaella: hija, eres la luz de todos mis caminos. Mi bendición más grande. Te amo mi chiquitica hermosa.

A mi madre, quien me enseñó el poder de la firma y me contagió la ilusión de salir de blanco.

A Tony y Ani, mi hermano y mi cuñada, uno de los matrimonios que más han inspirado mis pasos para formar una familia.

A los que están a punto de tirar la toalla, a los que van en la segunda y tercera vuelta: todos somos capaces de sobrevivir al matrimonio, no tengan miedo; si deseamos una relación feliz y exitosa, es posible. Todo nace de la actitud y de ver la pareja como un proyecto de vida. Haz equipo y triunfarás, no sólo en el matrimonio, aplica en todas las áreas de la vida.

A Don Miguel Cantón, por impulsarme a cumplir este gran sueño, por creer en mí y darme la oportunidad de descubrirme con tinta y papel en mano en el diario Basta.

A todos mis seguidores, quienes me han permitido entrar a sus hogares a través de la televisión. Al público, mi gran aliado y cómplice en todas mis locuras, espero que les guste pero, sobre todo, les funcione este manual. Cada apartado de este libro está escrito con el corazón.

Al maravilloso equipo de Editorial Aguilar, de Penguin Random House: Paty Mazón, David García, Andrea Salcedo y César Ramos, gracias. Muchas gracias por la buena onda, paciencia y por arropar este material con tanto entusiasmo. Gracias también a los diseñadores, a los equipos de Marketing, Comunicación y Área comercial de Penguin.

Vamos pa'lante con el Manual de la buena esposa. ¡Basta de divorcios!

Índice

Prólogo del Dr. César Lozano
Un manual feliz de supervivencia

Nunca deja de sorprenderme mi querida amiga Raquel Bigorra. Ya sabía de su talento en la televisión, de su gracia y encanto, de su picardía y la facilidad con la que nos atrapa en la pantalla y en el teatro, y nos divierte con su plática inteligente en la vida real. Pero ahora amiga, te sacaste un diez con este *Manual de la buena esposa*. Un libro divertido, sincero, íntimo y, sobre todo, útil para todas las mujeres casadas que deseen vivir felices y prolongar su unión; para aquellas que ya no saben ni a qué santo rogarle para que su marido vuelva a ser el hombre amoroso y detallista que conoció y ahora ha cambiado tanto... (dicho lo anterior con un largo suspiro).

Y digo útil porque a veces con tanto argüende que enfrentamos día con día ya ni tiempo da para atender como se debe a la pareja: que los niños cada día se hacen más exigentes y demandantes, el mandado, la clase de repostería, el gimnasio, las clases de piano de la Rosita, el café con la tía Chelo o el cumpleaños de la amada suegrita... Sin contar con que al Chuy se le olvidó pagar colegiaturas o el chikungunya toca a nuestra puerta, ¡Dios guarde la hora!

Con todo esto de verdad que no se puede más. Habría que pedir el milagro de que duren más los días para cumplir con el trabajo, en el hogar y con el marido. Y a veces, sé de unos casos que ponen a prueba la paciencia de la más Santa, llegan los esposos insinuando que últimamente anda su mujer más llenita o más fodonga, ¡oiga no, hay niveles!

Para eso es este manual, amigas, para que el matrimonio no se convierta en una pesadilla y la relación se vuelva un camino de dos que buscan la felicidad.

Mi querida Raquel puso por escrito su experiencia y todo lo que sabe de bodas, seducción y convivencia, y lo más importante, ofrece a todas las mujeres los secretos más valiosos para dejar el sacro grupo de oración de la queja perpetua y ponerse las pilas para rescatar su matrimonio.

Bien nos dice la Bigorra: no se trata de ser sumisas, dejadas, sometidas, no. Las quiere decididas, comprometidas, luchonas y, sí, adivinaron: calzonudas para defender su espacio como mujeres, sus creencias y con la seguridad suficiente para decir lo que les gusta, lo que desean y merecen, pero también convencidas de apoyar al sentenciado, perdón, al marido, cuidarlo, valorarlo, comprenderlo y amarlo siempre, pues usted lo escogió, nada que ronca y mejor que me lo cambien; es que se está poniendo panzón o ya ¡se persigna desde la nuca!

Gracias Raquel por este libro maravilloso que puede cambiar la vida de muchas comadres, amigas, esposas, mujeres en busca de marido y hasta de hombres que quieran saber cómo hacer feliz a su mujercita, llevar la fiesta en paz y vivir en armonía hasta que la muerte los separe y no una demanda de pensión. Gracias por este libro íntimo, lleno de buen humor y sabios consejos.

No tengo duda de que ahora las relaciones de pareja -dígase matrimonio o arrejuntamiento- duran pocos años y hasta meses. Un libro como éste, que apuesta por la felicidad, la comprensión y el amor en la pareja, es una herramienta muy valiosa para que las mujeres positivas e ilusionadas apuesten por la felicidad y el mutuo compromiso, y lo más importante, siempre con dignidad, respeto e inmenso amor a ellas mismas.

Ahora sí, mi querida Bigorra, te volaste la barda. No sólo te van a querer y aplaudir por tu talento en la tele y el teatro, también por este libro necesario y de gran ayuda para las mujeres.

¡Felicidades!

Bienvenidas al manual de la buena esposa o lo que es lo mismo: a buscar siempre la felicidad

De niña soñaba con ser azafata. Aquellas mujeres de sonrisa pícara, bien criollas, vestidas de rojo y azul, eran mi fascinación. "Algún día me pondré tacones y me amarraré ese pañuelito en el cuello", pensaba. "Seré una aeromoza de Cubana de Aviación", le dije a mi madre.

Después vi en la televisión a Rafaella Carrá y rápido cambié de idea. Pronto aprendí a mover la cabeza con fuerza –como lo hacía la diva italiana– al frente y atrás. Me corté el cabello justo como ella, y varias tardes fui el entretenimiento de las visitas domingueras que hacían mis padres a casa de los parientes.

"Raquelita, cántales", y allí estaba yo, sin pena, sosteniendo el manguito de una cuerda de saltar como si fuera un micrófono profesional, interpretando con emoción la canción que dice: "Para hacer bien el amor, hay que venir al sur." No sabía lo que decía, pero me sentía artista.

No me duró mucho tiempo el gusto por imitarla pues Óscar de León llegó a la Habana y toda Cuba quería bailar al ritmo del venezolano. La Carrá pasó de moda y dejaron de pedirme *shows* en las visitas familiares.

Fue entonces cuando me hice el permanente. Tenía nueve años, mi madre me vio llegar con la cabeza llena de rizos y pegó el grito en el cielo. Me llevó de vuelta a la peluquería, me cortó el cabello como a un machito y con mis caireles se vinieron abajo mis sueños de ser artista.

Años después retomaría el rumbo. Dedicarme a la *artisteada* no sería para mí la profesión más importante a realizar en mi vida, sino la de esposa. Esa tarea diaria que pocos aprecian y nadie aplaude.

Entonces no sabía que mi nombre en hebreo significa "la esposa predilecta". No imaginaba que mi paso por el altar se me haría casi una costumbre y que un día, cansada de tanto fracaso matrimonial, encontraría el camino para lograr una feliz relación de pareja.

Me casé en Oxford, Inglaterra, con un inglés que fue mi primer y único novio. Años después con un cubano en La Habana, por aquello de que nos unían nuestras raíces. No di una en ambos intentos. Cuando descubrí que las mariposas del estómago volaron a otro lado, salí corriendo. Nadie me explicó que era absolutamente normal y que para entrarle al matrimonio debía tener mucha paciencia. Comunicación, dicen otros, pero cuando el marido es sordo y una es parca, no sirve de mucho la sugerencia. Hay que echar mano de todo.

Así fue como nació este manual. Me he detenido a mirar mi matrimonio, las relaciones de parejas cercanas y he relatado lo que considero las claves para tener una vida marital exitosa. La meta no es llegar a las bodas de plata sin dirigirse la palabra. Es más bien como la vida: hay que gozarla. Disfrutar el camino en lugar de padecerlo.

Soy mujer, conductora de televisión, cantante, actriz, madre, pero sobre todo, esposa. Nadie ve la chamba de "estar casada" como una profesión. Yo sí, porque sé el trabajo que cuesta. Es bastante común tirar la toalla, desmotivarse en el camino. Comprarnos ideas negativas y alimentarlas con las amigas. Buscarnos un amante para salir de la monotonía, echarle la culpa al marido por tener un matrimonio mediocre. Peor aún, mirarlo con odio y preguntarnos: "¿En qué momento me casé con este hombre?"

Amiga, si está pasando por una etapa así en su vida en pareja, no corra, no grite, no empuje. Como en los temblores, deténgase y conserve la calma. Con la convivencia a veces hasta llegamos a desmotivarnos y a perder el interés. Lo mejor que tiene la relación de pareja es que siempre puede rescatarse, está en uno.

Todo el mundo sueña con tener una familia. Esa que formas con tu marido. Pero pocos te hablan de cómo lidiar con la suegra, la familia política, las mañas del marido, las propias, los hijos, el trabajo. Batallar con nuestras frustraciones. Hay un sinfín de agentes externos que impactan de manera negativa nuestra vida conyugal.

No podemos pensar que a papel firmado, meta cumplida. Es justo ahí cuando comienza el desafío. Así que manos a la obra. Primero dese cuenta que se encuentra ante un gran reto. Claro que usted puede. Oiga, como están los tiempos de hoy, si lo hizo firmar, usted convence. Tiene todo en sus manos para lograr traerlo comiendo de su mano y tener una familia y un matrimonio feliz.

La relación de pareja es cosa seria, pero hay que entrarle como se le entra a un bote de helado. Hay que saborearlo, hacer pausitas para que no empalague y estar dispuesta a subirse a la caminadora si debemos quemar calorías.

Estar enamorado es la sensación más rica de este mundo. Te mueve más emociones que irte de compras con una tarjeta de regalo sin límite de crédito. Es más gratificante que comerse sola un pastel de chocolate frente al televisor. Más motivante que tirarse del *bongie* y más sabroso que hacer el amor en el baño de un avión.

Vamos juntas, con este manual, a agarrar esas benditas mariposas del estómago y no dejar que se vayan a ningún lado. Si ya se nos escaparon, traigámoslas de vuelta.

No puedo presumirles un matrimonio perfecto, pero sí que soy una mujer enamorada y comprometida con mi familia. Vivo consciente de que ser una buena esposa es un trabajo de todos los días. Tantito descuido y se va el amor y la ilusión por la coladera. De los errores he aprendido que en mis manos está tener éxito en lo que me propongo y que el tema del matrimonio es prioritario. Levantarme de un divorcio sólo me dejó lágrimas, desolación y hasta pérdida en mis finanzas; ya del segundo ni hablamos.

Después de muchas vueltas al peluquero entendí que las rupturas amorosas no se arreglan en un salón de belleza. Ah, sí, porque somos especialistas en correr a las tijeras de nuestro estilista de cabecera, tras cada decepción. "Cámbiame el *look*, quiero ser otra." Le decimos con desesperación al especialista en belleza que confundimos con el psicólogo. Cada que un hombre "nos rompe el corazón", buscamos una nueva imagen, como si el nuevo tono del tinte nos hiciera olvidar. Gracias a Dios que no corremos al cirujano cardiovascular. Si se pudiera, estaríamos haciéndonos un trasplante de corazón a cada rato.

En cada sección de este manual iremos reprogramándonos poquito a poco. Trataremos de entender que debemos vivir un día a la vez; que estamos hechos para vivir en pareja y hay que cuidar la relación. Aderezarla, además, con muchos elementos.

Queridas comadres, el "vivieron felices para siempre" sí se puede. Es cuestión de querer. Si me salió floja ya estuvo que no llegamos a ningún lado. Esto es de tener ganas de triunfar. Estar dispuesta a aceptarnos como somos, pero también a trabajar para ser mejores.

Vamos a correr de la casa a la fodonga en que nos hemos convertido, a la quejumbrosa que nada le gusta y a la celosa que ve moros con trinchetes, cuando el marido lo único que hace es mirar el futbol.

Aprenda a hacer su propia consejera matrimonial con las herramientas que comparto en este libro. Hablo basada en mi experiencia porque tengo kilometraje recorrido.

Vamos por nuestra felicidad, que es nuestra única obligación. No será fácil cambiar de hábitos y romper con patrones de convivencia que llevan años amolándonos la vida en pareja, pero no es imposible.

Han servido estas páginas también para poner en práctica cada uno de estos consejos en mi propio matrimonio. Con Alejandro me casé por todas las de la ley. Por el civil y por la iglesia. Me cambié tres veces de vestido la noche de nuestra ceremonia, por aquello de que me encantan las bodas. También me cambié tres veces de zapatos y hasta de peinado. Decidí ponerle punto final a esto de los enlaces matrimoniales, hice tanto argüende que ya no me quedaron ganas de vestirme de blanco jamás, hasta que cumplamos las bodas de oro.

Aquí les hablo de mujer a mujer, donde lo consideren adecuado deténganse y compartan el apartado con el marido, pues éste es un material para mujeres que los hombres van a amar.

Les pido no se paren frente a este libro pensando sólo en que el marido es quien debe cambiar. Debemos empezar siempre por nosotras y contagiar a la pareja de todo lo bueno que aquí aprendamos.

Nuestras acciones están regidas por nuestros pensamientos. Es momento de abrir la mente y el corazón. Dejar que fluyan nuestras emociones a favor de nuestra felicidad, que bien la merecemos. ¡Basta de divorcios! ¡Y vivieron felices para siempre gracias al *Manual de la buena esposa*!

Se busca marido

Sale porque sale

Si hay algo que me puede caer gordo en esta vida son los noviazgos largos. A poco no conoce, señora, a parejas que duran siete o diez años de romance y a la mera hora los hombres se vienen casando con otra, sí, ¡con la última que llega! ¿Y quién le repone a una el tiempo invertido? ¡A ver! Porque eso de andar llegando a las 35 primaveras y no agarrar novio con serias intenciones, huele a quedada.

Antes era a los veinte, ahora, gracias a Dios, ya bajó la presión. Pero de todos modos, qué feo se oye que digan: "Esa ya se quedó pa' vestir santos." "No sale, pero ni en rifa." Y mire que una le echa ganas, pero varias de mis comadres (así como yo alguna vez) no agarran nada.

Aquí los testimonios:

- "Soy mujer envueltica en carne, cocino rico, no quiero que me mantengan, tengo hasta departamento, pero de novio, nada.
- "Soy soltera de poco peso, no tengo mucho de dónde agarrar, pero soy simpática, trabajadora y fiel.
- "Chava guapa: soy autosuficiente, hablo varios idiomas, soy muy apapachadora y quiero un hombre pa' consentirlo.

¡Ahí está! ¡Quieren novio, pero no salen! Las hay solteras de todos los tipos y sabores. ¿Saben por qué? Porque la están regando, muchachas.

Todo se basa en la primera cita, aprendan a conquistarlos sin verse demasiado urgidas. Fíjense:

1. Prohibido hablarles de relaciones anteriores. No se queje, no se desahogue ni despotrique de la víctima anterior. ¡Eso los espanta! Pa' hablar mal de los hombres siempre hay tiempo. Pero no con su "futuro esposo" en la primera cita. (Enfóquese.)
2. Nos urge salir, sí, pero no le deje ver que usted trae el vestido de novia en la cajuela.
    Si él menciona el tema, hágase la sorda o dígale que no tiene apuro para casarse y de hijos, menos. Recuerde: si le nota la desesperación, ¡se escapa!
3. Si la primera cita es en un restaurante, por piedad, no se haga la macrobiótica, ni la vegetariana. Eso les da mucha flojera. Éntrele al taco con todo y salsas, ¿qué le preocupa? ¡No hay calorías que una buena faja no pueda contener!
4. ¡Ríase de todo! Sí, eso no falla. Así le cuente el chiste del ratón... usted ríase a carcajadas. ¿Qué le dijo un ratón a otro? ¡Click! ¡Ja, ja, ja! Recuerde: usted está riéndose "con el padre de sus hijos", no del chiste. Qué le importa. Eso al hombre lo hace sentir halagado. ¡Importante!
5. Y por último, déjelo picado.

No le cuente su vida en media hora, escuche, préstele atención.

Sea usted misma y sea natural, sin poses ni frases rebuscadas. Porque a la hora de la firma, ya viviendo en pareja se le va a caer el teatro si usted se muestra como una persona que no es. El único engaño estará en hacerlo firmar pronto, pero no se sienta culpable. No pierda la fe, yo salí a mis 37 con todo y misa en la Catedral.

Ánimo mujeres, nunca es tarde pa' salir de blanco.

Siga cada uno de estos pasos y muy pronto estarán como yo, presumiendo su *Manual de la buena esposa*. No está bien entregarle sus mejores años para que a la mera hora le firmen a la última que llega.

Cuando las intenciones son realmente serias, no necesitan tanto tiempo para decidirse, diría mi madre. Es cuestión de darles una ayudadita y listo.

Aplique estos cinco pasos y ya verá cómo sale porque sale.

¿Sola otra vez?

¿Aún continúas sola? ¿Miras tu álbum de fotografías y descubres que sigues posando hermosa con una bola de amigos solteros? ¿Estás segura de que tienes todo para conquistar a quien quieras, pero no te cansas de pedirle a Dios que te mande a tu príncipe azul? Ayúdele comadre, no le deje toda la chamba al poderoso, hay mucha gente pidiendo salud, paz y medias naranjas también, cada día es una oportunidad para acercarse al amor, ¡inicie el cambio!

Si sigue rodeada de amigas que sólo comentan: "Mejor sola que mal acompañada", "el amor no existe", o "todos los malditos hombres son iguales", ¿así cómo? Recuerde que las palabras son imanes, y si además en acción hace todo para que no se le acerquen ni las moscas, la está regando.

Comience por ampliar el círculo de amigos frecuentes, júntese con grupos donde haya parejas de casados, siempre aparece un primo que se acaba de separar y lo traen de chaperón, o un cuñado que anda en busca del amor, uno recién egresado de alguna Universidad fifirifa en el extranjero, ya sabe, el típico que se fue a hacer un *master* y regresa a México sin ambiente. Ahí está usted para recibirlo porque los matrimoniados o los que andamos en pareja queremos que todos encuentren su mitad. Todos harán hasta lo imposible por empatar al pariente con usted que es buen partido, soltera y abierta al amor. Saben que usted es la buena, ¡aviéntese!, no tenga miedo de decirles a sus amigas casadas que le presenten un buen soltero.

Ya no repita por donde vaya que ama la soledad, viajar e ir a donde quiera sin tener que dar explicaciones. Estamos hechos para vivir en pareja, en familia, y en el fondo su corazón es lo que más desea, pero cree que ya no va a agarrar nada. Se resignó a dormir sola, a comer sola, ¡no hay necesidad! Deje de rodearse de solteros sin esperanzas y perfúmese bien, que ya mero le toca.

Cambie de actitud y propóngase salir. Más allá de llegar al altar y vestirse de blanco, que también se puede, dispóngase a atraer el amor. Comience a acomodar las cosas en la casa como si viviera en pareja, dos mesas de noche, dos sillas listas para compartir los alimentos en el comedor, juego de tazas completos, vasos también.

Olvídese de planear sola su futuro, ya viene su mitad, llámelo con el pensamiento y la acción, pero jamás se muestre como desesperada porque entonces los espantará.

Deseo con todas mis fuerzas que le llegue el amor, ni un año más sola otra vez.

Algo viejo, algo usado, algo prestado

No hay nada que yo disfrute más que mantener vivas las viejas costumbres y tradiciones. Que si el niño tiene hipo, ¡métale un susto pa' que se le pase!, o ¡dele una cucharadita de azúcar pa' que abra el diafragma! Que si huelen muy fuertes los pies del mareado, ¡póngale tantito vodka!, porque el alcohol de esta bebida funciona como antiséptico y destruye las bacterias y los hongos que producen el mal olor, ojo, ¡no se tome ni se mezcle con refresco!, aplíquese directamente en la zona maloliente. Ay sí, qué dijeron: "Desde que se junta con la Chupitos ya le pone alcohol a todo." ¡No, fíjense! Saco el licor de origen ruso nada más en casos extremos y sólo para alivianar el olor a queso.

¿Quiere que crezca el cabello con fuerza, sano y abundante?, vaya con su estilista a cortárselo en luna llena. Yo, por si las moscas, sigo al pie de la letra las recomendaciones de las abuelas, porque ellas nunca se equivocan. No sé cómo le hacían, pero sus matrimonios duraban por los siglos de los siglos.

Cuando se trata de dar el paso más importante de nuestras vidas, es necesario escuchar bien las recomendaciones de las mujeres mayores para llevar un matrimonio lleno de felicidad, porque todas cuidamos los detalles que harán inolvidable el día de nuestro enlace.

Dedicamos horas en mandar a hacer las invitaciones, elegir el vestido, degustar el banquete, la mesa de regalos, el pastel, el tema para bailar nuestra primera canción como casados. ¡Ay, qué recuerdos, me dan ganas de volverme a casar!, pero con el mismo, no se espanten. Nos estresamos tanto en quedar bien con los invitados que olvidamos las bonitas tradiciones que nos ayudan a alejar la mala suerte. Para emular los aniversarios de la abuela, ahí les va: no llevar perlas el día de la boda porque atraen lágrimas en el matrimonio. Corbata chueca del novio, acomódela por piedad, porque si no sale derechita en la foto, su marido le será infiel y la hará llorar despiadadamente.

Si el novio ve el vestido antes del matrimonio, ¡divorcio seguro! Ahora en Hollywood todas huyen de Vera Wang, la diseñadora que vistió a Carrie Bradshaw en *Sex and the city*, además de a Mariah Carey, Heidi Klum, Kim Kardashian y a Jennifer Lopez en la vida real, porque en todos esos romancetes se murió el amor. Así que, si el novio tiene presupuesto y la manda a Nueva York, por si las moscas, no se le ocurra elegir un vestido maldito de esa diseñadora, déjeselo a las estrellas de cine que les encantan las segundas y hasta séptimas vueltas como a Elizabeth Taylor, que con siete enlaces y la cartera de su padre no se dio por aludida. Pero si usted pretende llegar a las bodas de plata, olvídese de los innovadores diseños de la neoyorkina creadora, mejor vista modesta pero segura.

Lo que para algunos es mera superstición, para otros son tradiciones inquebrantables que deben seguirse al pie de la letra. Si está por casarse y quiere que la suerte esté de su lado, tal vez deba darle valor al significado de estas costumbres.

La novia camino al altar debe llevar algo viejo, algo usado, algo prestado, algo nuevo y algo azul. Y cuando me refiero a algo usado, no hablo del novio ni de la novia, ya ve que ahora hay que conocerse bien antes de dar el sí, aunque ya no haya nada que estrenar el mero día. ¡Usted inténtele! Lo viejo es para recordar la felicidad de la etapa del cortejo, cuando todo se ve color de rosa; puede ser el perfume que usaban cuando estuvieron noviando. Lo nuevo representa el éxito que se espera en el matrimonio. Lo prestado es símbolo de lealtad de las amistades de la pareja y el azul es el color que significa constancia y fidelidad.

Si cuida todos estos detalles, es tolerante, constante, amorosa, dedicada, fiel y tiene buena sazón, aguante, paciencia, pero sobre todo le pone mucha azúcar a su matrimonio, seguirán juntos y enamorados toda la vida. Se la puse difícil, ¿verdad? Tranquila, si la abuela pudo, nosotras también.

Tips para ganarse a la familia

¿Quiere salir pronto? ¿De blanco y por todas las de la ley? Agrade a la familia del inocente. No tiene que invertirle mucho ni dar regalos caros. Recuerde que una madre quiere lo mejor para su hijo. Por más moderno que ande el mundo y por alivianada que sea la suegra, esas cosas no cambian. Quieren niña bien y de buena familia.

En algún momento, si la relación va en serio, de seguro la llevan a conocer a la que será su segunda madre. Entonces no se le ocurra aparecerse en faldita corta, los ojos pintarrajeados y unas súper plataformas como si cobrara por hora. Evite hablar de religión o política.

Ríase bajo. Sí, no trate de llamar la atención. Ni cuando se levante al baño vaya como ventilador volteando a todos lados como si estuviera en una pasarela. No se toque el cabello constantemente. La coquetería déjela fuera.

Codos fuera de la mesa. No pida alcohol si cree que se le va a subir. Pida carbohidratos, no vayan a pensar que es una pesada que come ensaladas. Si está gordita, no pida postre. Pensarán que de esposa rodará.

Mostrarse como una misma es lo máximo. Aguántese un poquito, no le hace. Ya que firme, retíreles el habla, pero antes de amarrar es necesario comportarse. No se crea, es un chascarrillo, pero igual, hágame caso.

No se le ocurra decir que los hombres no sirven y que bien lo sabe por experiencia. Cuide los modales. "Por favor", "gracias", "con permiso" y "buen provecho", nunca fallan.

Recuerde que la suegra va con una lupa en la mano. No se haga la conocedora ni vivida. Recuerde que las niñas buenas salen bien. Las malas gozan más, sí, pero se quedan a vestir santos en muchos de los casos.

Siga estos consejos y ¡sale porque sale! Sólo ocúpese de sacar 10 de calificación con la familia del galán.

Gánese a la familia y ganará marido.

Los hombres mienten por nuestra culpa

Cuántas veces hemos oído a las mujeres quejarse porque el hombre es mentiroso. Expresiones como "todos son iguales" y "ya no les creo nada" son el pan nuestro de cada día. Y cuando leemos las encuestas que afirman que 80 por ciento de los caballeros miente, una acepta que no estamos tan perdidas.

Pero ojo, atención, el principal motivo por el que ellos mienten no es por infidelidad. Un estudio reveló que ellos no son tan sinceros por razones que para ellos son muy poderosas. La primera: no quieren sentirse menos y por ello tienden a mentir sobre su puesto y sueldo de trabajo.

"¡Hola, qué tal!, mucho gusto. Soy ejecutivo de un banco", y resulta que trabaja en ventanilla. Ellos creen que puesto mata carita. Y luego para ligar comienzan a hablar de las prestaciones. Ya saben, lo típico: mi empresa me compró mi casa. N'hombre, me dieron hasta los muebles. Pueden andar hasta desempleados, pero antes muertos que decir la verdad. Y tienen razón. Luego somos medio interesadas.

"¿Tú qué haces?", "pos ahorita no mucho. Fíjate que no tengo chamba". Ya parece que van a ligar algo con esas referencias.

Ahí les va la segunda causa por la que mienten: por lo mismo, para ligar. Te bajan la luna y las estrellas. Te dicen que se quieren casar contigo antes de darte un beso. Oye, ni que estuviéramos en los años cuarenta. ¿Después de probar la mercancía? Voy de acuerdo que quieran proponernos matrimonio, ¿pero antes? Es obvio que nos están choreando.

Otro punto importante es mentir por temor a nuestra reacción. "Mi vida, ¿cómo me queda el vestido?" Bien sabemos que no es de nuestra talla y que las líneas horizontales no le van bien a nadie. ¿Para qué le preguntamos? Para que nos mientan. Para que nos digan que se nos ve lindo.

Ahí está todo en los tres puntos que acabo de mencionar. Los hombres son unos mentirosos, eso es cierto. Pero ¿por culpa de quién? De nosotras, las mujeres.

Así que ya no los presionemos tanto. Aceptemos que el dinero no es lo más importante para enamorarnos. Que podemos entregar el corazón sin un anillo de compromiso de por medio.

Por último, si no andamos en nuestro mejor día, no le preguntemos cómo nos vemos. Nada más los estresamos con la pregunta y sí, los orillamos a mentir.

Cancelada la boda,
¿se devuelve el anillo?

Yo no sé por qué es mal visto que la novia se quede con el anillo de compromiso cuando no se celebra el matrimonio. Un regalo es un regalo. Bien lo decía la Doña. Y ya ve que la señora era lista para las gemas. De María Félix aprendí la frase: "Lo *caido, caido.*" Además de que la novia frustrada se queda sin vestirse de blanco, ¿también debe perder el anillo? Por lo menos debería de conservar algo importante, como la joya de compromiso. Aunque, he de confesarle que ahora ya ni eso.

Hace algunos ayeres, recibí un supuesto anillo de compromiso fínísimo, pero al final no me casé con el pretendiente, lo que me pareció muy prudente de ambas partes. El joven, de finas maneras, bien educado, de bonita familia (en paz descanse), jamás me pidió la sortija.

Pasados los años me encontré el anillo en una cajita de alhajas, con otras también de compromiso. ¿Qué, lo dudan? ¡No soy presumida, le echo ganitas nada más! No tengo la culpa de haber recibido tanta oferta matrimonial, es más, en algún momento les confesaré mis artimañas para recibir una pronta propuesta de casamiento.

Un buen día, se me ocurrió vender aquel anillo del fino joven pretendiente que, según me dijo, era de piedras preciosas. Pensé: "¿Para qué lo tengo ahí arrumbado? Mejor, con lo que gane me compro un buen par de zapatos", de los caros, ya sabe, de los de suela roja. Pero,

¿que cree? Debió usted ver mi rostro de espanto cuando el joyero me dijo que la alhaja era falsa. ¡Qué quilate de diamante ni qué ocho cuartos! Así como lo oyen, era de cristal y del más barato.

Yo, que cuando me lo dieron me sentía muy importante, en el momento de la verdad me sentí muy humillada, hasta ultrajada, para que me entienda; por la falta de respeto a mi dignidad como mujer, pues pensé que los sentimientos del pretendiente eran verdaderos, como la roca del anillo.

Durante muchos años guardé el secreto del anillo engañoso, para no ser el hazmerreír de mis amigas ni convertirme en objeto del vituperio público; pero a ustedes, comadres, si ya les he confesado que soy fan de las fajas y las pestañas postizas, por qué habría de ocultarles el capítulo más penoso de aquel compromiso, el anillo falso de mi vida.

¿Saben cuánto tiempo y esfuerzo invertí para ostentar esa sortija? Prolongadas tardes de tertulia con la suegra, y todo para nada. Y pensar que cuando me paseaba con el anillo puesto juraba que era la joya de la corona. Llevaba una pieza *fake* y además la presumí hasta el cansancio.

¡Pero Dios es muy grande! Y años después habría de premiarme con mi marido, un hombre que sí me ama y me valora. Dicen que el quilataje del anillo es directamente proporcional al tamaño del amor, entonces él, mi esposo, parece que me quiere, pues me entregó un anillo discreto. Yo, de cariño, le digo el pastelito, pues está formado con varios pisos llenos de diamantes.

La pregunta de los 64 mil pesos es: ¿será bueno? Mi madre decía: "El que busca, encuentra", por eso mejor me quedo con la duda. Para qué me preocupo pensando si me volvieron a dar gato por liebre. Hasta que la muerte nos separe, entonces nunca sabré la verdad.

Pero usted, que se quedó con anillo en mano, ¿qué haría: aplicar la de la Doña o devolverlo para que se lo den a otra?

Muchos hombres se ofenden si la dama se queda con la prenda. Ya me los imagino haciendo el esfuerzo de pagar a meses sin intereses, si es que es buena la joya y la exnovia ya ni se acuerda de ellos. Ahí sí, hasta da coraje, pobrecitos.

Mi sugerencia: si le dieron anillo y la llevaron al altar, no se canse de hacer sentir amado a su esposo; lo de menos es que el anillo sea económico, lo importante es seguir el lema del *Manual de la buena esposa*: "Y vivieron felices para siempre."

Pero si la dejaron vestida y alborotada, ¿lo devuelve o se lo queda? Aunque sea mal visto quedarse con la joya. Yo me olvidé y me quedé con TODOS los anillos, hasta con el del diamante falso, al fin que lo que se da, no se quita.

No le dejes toda la chamba a san Antonio

El 14 de junio de cada año san Antonio amanece adolorido. Medio México lo pone de cabeza todo el 13, y el pobre santito ya no se da abasto. A lo largo del año le prenden velas amarillas, blancas y rojas, y los hombres siguen sin aparecer.

Guapas, profesionistas, independientes. Preparadas y buena onda, pero... ¡solas! Un montón de amigas duermen solas, comen y se van de viaje también solas. Y yo también lo viví mucho tiempo y se siente horrible.

Prefería meterme al cine solita que irme a tomar un café con un hombre que me hiciera perder mi tiempo. Fue hasta que me relajé cuando llegó el amor.

Andaba de presumida, sintiéndome el último refresco en el desierto. Yo misma me echaba tantas porras que daba flojera. Mi círculo estaba integrado por puras mujeres y todas coincidíamos en lo mismo. No necesitamos a los hombres, somos las chicas súper poderosas. ¡Mentira! Nos moríamos por abrazar tan siquiera a uno.

Pero nada más de olernos salían corriendo. Los espantábamos. No porque nos temieran o se sintieran intimidados por nuestro éxito, sino porque, ¿quién quiere salir con una desesperada? "Hola, buenas noches", y acto seguido queremos cambiar la decoración del departamento de la víctima. "¿Cómo te llamas?", y ya estamos dándole llamado para la siguiente cita. Suave, chicas, dejen que las cosas sucedan. Con gracia, con maña, pero sin vernos urgidas.

Pescamos algo y en la primera salida le contamos lo malo que han sido los hombres con nosotras. ¿Para qué? ¿Para hacernos las víctimas? El hombre sólo estará pensando: "Si así se dejó tratar, pues qué poco se valora."

Luego queremos engancharlos meneando la cintura. No se sientan las más instruidas en las artes amatorias ni las más cachondas. El sexo es un punto muy importante en la relación de pareja, pero no se apresuren. De perdida conozcan su signo zodiacal antes de aventarse de la lámpara.

Sacamos rápido la cartera y somos capaces de llegar al lugar de encuentro para hacernos las místicas. Morimos porque toque a nuestra puerta, pero por miedo a que no lo haga, le ahorramos la recogida.

Somos las primeras en levantar el teléfono. En atormentarlos con mensajes de texto. Y decirles: "Te amo, eres el amor de mi vida." "Quiero todo contigo." Ni chance les damos de seducirnos, de conquistarnos.

A cualquier familiar o amigo le decimos: "Preséntame a alguien, ¿no? Me urge tener novio." Con esas declaraciones, ¿usted cree que san Antonio las escucha? El santito es abusado y Cupido, que también está a las vivas, anda juntando gente que está lista para el amor. No a desesperados. A los que en verdad van a saber cómo enamorar cuando sean flechados, el amor llama a sus puertas. Cambie de actitud y regrese al santo a su posición original.

Realice alguna actividad física y genere endorfinas, no hay nada más *sexy* que una soltera contenta. Tenga de qué hablar. Encuentre un nuevo *hobby*, apasiónese con algo nuevo que la mantenga motivada.

Amplíe su círculo de amigos y frecuente lugares de solteros. Pero sin sacar su credencial de depresivo por falta de compañía.

¡Las noches son de solteros en el súper! Los gimnasios, las escuelas nocturnas para aprender idiomas están llenas de gente linda como usted que sueña con ser una buena esposa. Los parques son hermosos sitios de encuentro. Saque a pasear a su mascota, pero aléjese de los que andan con carreola.

Ánimo, su media naranja la está esperando. Si muestra humildad y buena actitud, muy pronto estará formando parte de este manual. Recuerde dejar atrás la desesperación y urgencia. Relájese.

Convivencia

¿Cómo provocar celos que motiven?

Ya fueron muchos los años en los que nos tuvieron escondidas detrás de la cocina o de un burro de planchar. Por suerte, hace rato que las mujeres nos volvimos protagonistas de nuestra historia.

Siempre hemos hecho lo que hemos querido, pero teníamos menos libertad para traer al marido marcando el paso y de vez en cuando provocar un celito inofensivo pa' mantener viva la relación.

¡Hoy más que nunca tenemos el poder! No es que queramos de pareja un hombre celoso, porque eso molesta, pero cuando no lo es, irrita, y pensamos que no nos aman lo suficiente.

Los celos moderados son saludables y constructivos. La falta de celos es sinónimo de falta de interés.

Ahí les va cómo despertar celos en el marido, pero decentemente. No quede usted como una resbalosa porque es peor. Señora hasta la muerte, pero píquelo pa' que despierte.

1. ¿Están delante de la tele pero su marido sólo tiene ojos para el futbol? ¿Encremada y con *babydoll* pero él ni se inmuta? Emociónese en alta voz y diga: "¡Ay, este Piqué, qué guapo es! Ni le entiendo al fut, pero con sólo verlo ya me parece interesante el partido. ¡Con razón tiene a Shakira tan contenta!"

2. Cuelgue en su cocina el calendario de los bomberos de Miami y, de la nada, mire fijamente el mes de agosto y échese una suspirada como la que no quiere, pero le entretiene.

3. Pónganse el mismo vestido con escote moderado dos veces en la misma semana. Cuando él le pregunte por qué repite vestuario, usted con cara de mustia responda: "Ay, es que en la oficina todos me lo chulearon, hasta mi jefe me dijo que me merecía un aumento de sueldo (sea clara, no vaya a pensar su esposo que su jefe le sugirió un aumento pero de talla de busto)."

4. Si antes salía al súper en pants y con gorra, ¡nada de eso! Saque la pestaña postiza, la faja y el tacón, que se preocupe el marido de que usted con esa producción tendrá quien le empuje el carrito.

5. Cambie de *look*, póngase a dieta y métase al gimnasio. ¡Manéjelo como prioridad! Cuando él vea que usted está preocupada por cómo se ve después de veinte años de casados, no creerá que se arregla para él, ¿está de acuerdo?

Ahora que si no jalan esas tácticas, pruebe algunas de las siguientes:

- Contrate un entrenador y al llegar casa no se canse de hablar de él. Verá cómo el mareado hasta querrá inscribirse al gimnasio.
- Cambie a cada rato de perfume y de color y largo de cabello.
- Varíele al menú, y me refiero a todo tipo de menú.
- Recuerde que la costumbre cansa. No nos casamos para morirnos de aburrimiento. La única forma de salir de la rutina es metiéndole creatividad a la vida.

Siga estos consejos para que vea lo rico que se siente que la celen a una, nomás tantito. Se va a sentir querida y motivada para seguir poniéndole el cien por ciento a su matrimonio, ¡hasta que la muerte los separe!

Ojo con el Facebook

"Que nada dura para siempre, que todo por servir se acaba." Sí, son frases manidas pero encierran mucha verdad. Cada vez hay más rupturas conyugales que enlaces. O sea, más divorcios que matrimonios en México. Al menos veinte por ciento de las parejas se divorcian antes del primer año de casados. La mayoría de las separaciones se producen entre los dos y los cinco primeros años de matrimonio, porque aunque se habla de las crisis de los siete años, la realidad es que la etapa más difícil son los dos primeros años, por aquello de adaptarse a vivir en pareja.

Así que si apenas está empezando, tenga paciencia. Sea dulce y cariñosa y no dé lugar a que la anden engañando. Seguro me va decir lo mismo que estoy pensando: mi marido no es de esos, mi esposo sería incapaz, es más, no me engañaría ni en sus sueños. Yo duermo tranquila porque Alejandro me juró fidelidad ante el altar hasta que la muerte nos separe, tranquila pero con un ojo abierto porque, según algunos estudios, en toda Latinoamérica la principal razón de que las parejas se divorcien es por infidelidad.

¡Ah, caray! ¿Verdad comadre que no queremos formar parte de la estadística? ¡Dios Santo! Mil razones sobran para ser infieles y ahora tenemos que lidiar con una nueva: la del internet.

Mucho cuidado si su marido abre Facebook, Twitter o Instagram, porque antes se hacían amantes de sus compañeras de trabajo o de la prima de un amigo. Una como quiera, decía, pero si no tiene pa'l gasto menos pa' invitarlas a salir. Hasta eso, marido pobre, una tranquila.

¡Pero ya no!, ahora pueden tener relaciones más íntimas y sin salir de casa. Cheque que en el estado de Facebook muy pocos son los que ponen "en una relación", la mayoría dicen que son solteros y hasta suben fotos donde se ven más guapos. O sea que una es la que está casada con el panzón y "la otra" coquetea en las redes sociales con dizque William Levy.

Hasta ganas dan de desenmascararlos y subir una foto de cuando usan sus bermudas con calceta negra y chancla en pleno verano. ¡Ay no, si son tremendos! Son capaces hasta de crear una falsa identidad con tal de tener pegue.

Póngase de acuerdo con su marido desde el principio, qué van a tolerar y qué no. Y queden bien clarito qué es para ustedes una infidelidad. Ahorita internet, el celular y tanto avance tecnológico se pueden interponer en su matrimonio.

Hay que tomar en cuenta las redes sociales. Si van a manejar cuartos independientes o familiares, cuánto tiempo van a dedicarle a los amigos en dichas redes. Si les parece bien compartir las claves de seguridad o si las van a manejar en privado. Mucho ojo con las redes sociales, tómelas en cuenta porque hoy las redes han alterado las estadísticas en las relaciones.

Todos somos libres de elegir la red que mejor nos convenga, como también vivir ajenos a la tecnología. Lo que no podemos es hacernos de la vista gorda porque una de las bases del matrimonio es la confianza.

Duerma tranquila después de hablar el tema, aunque siempre con un ojo abierto.

Los propósitos

Espero que no se anden haciendo la pregunta de los 64 mil pesos: "¿Por qué me casé con este hombre?" Si lo hacen una vez al año no se alarmen, pero si lo andan pensando a cada rato y, peor aún, lo piensan en voz alta, ¡aguas! Cuidado con las palabras que balbucean en momentos de resaca o ira, porque no es cierto que se las lleva el viento.

Al pensar en propósitos, de cumpleaños o de fin de año, por ejemplo, la invito a que agregue a su lista de metas y sueños por cumplir ser una buena esposa. Digo, si va a llenar la lista de propósitos con deseos como hacer ejercicio, gastar menos en compras, comer sano, no juzgar, no vivorear y hasta hacerle el fuchi a los postres, ¿por qué no incluir la de echarle ganitas al matrimonio?

¿Cuál sería la esposa perfecta? La que no cela, no hace dramas, no gasta, no se excusa con dolores de cabeza para evadir la intimidad, es fiel, es cariñosa, es buena madre, es atenta con la familia política. ¿Qué más se les ocurre, caballeros?

Cocina bien, es detallista, se arregla bonito, no manda al marido a dormir a la tina cuando llega tarde y tomado, lo deja ver el futbol y beber cerveza, no se queja de sus flatulencias... ¡está duro ser la esposa perfecta!, pero no es imposible. Esa es la lista de lo que ellos quisieran.

Podemos poner de nuestra parte y asignarle una prioridad a mejorar nuestra relación de pareja. Aquí les van unos tips para lograrlo.

- Anote los propósitos. Eso ayuda a cristalizarlos y fortalecerlos.

- Exprese cada meta de forma positiva, por ejemplo: en lugar de decir: "No volveré a cometer la estupidez de pasar la tarjeta o gastar de más", piense: "Seré ahorrativa y administrada, no iré a las tiendas tan seguido." ¡Suena bonito!

- Fije metas realistas, es importante fijar metas que pueda alcanzar. Ahora, tampoco se limite porque sean metas demasiado altas, no se menosprecie. Crea en usted y en su potencial.

- Si le cuesta tratar con la suegra o la familia de su marido, no deje de poner en la lista de sus metas: "Mejorar la relación con mi suegra", en lugar de "voy a soportar más a la bruja". Busque nuevas formas para acercarse: querer es poder.

- Seguramente tiene metas personales, profesionales, financieras, educacionales. Y eso está muy bien, las metas cumplidas nos ayudan a tener una vida libre de frustraciones y nos motivan a seguir adelante.

Le pido un favor: no se olvide de las metas como esposa, de las metas familiares. Ser más cariñosa, más comprensiva, quejarse menos y agasajarlo más. Trátelo como si fuera su eterno novio. ¿A poco no le gustaría lograrlo? Se lo dejo de tarea.

Siempre es buen tiempo para hacer nuestra lista de nuevas metas.

Serenidad y paciencia

Para llevar un buen matrimonio se necesita paciencia, comadres. Después de un conflicto de pareja, alguna desavenencia o un mal entendido, tras una discusión, mi consejo es: respire hondo y dele su tiempo.

Ellos necesitan espacio. Tomar el control de la tele y cambiarle sin parar al cursor de los canales como energúmeno sin ver realmente ningún programa. Irse a un partido de futbol con los cuates o ir a pegarle a la pera al gimnasio para desestresarse. Sentirse Márquez contra Paquiao. Pegar hasta el nocaut pa' que no quede duda.

Si suena el teléfono, nosotras pretendemos que ellos hablen con una voz entrecortada o triste. Para nada. Ni lo sueñe: recuerde que las dramáticas somos nosotras. Ellos se la llevan tranqui. No hacen olas. No crea que se comportan como si no les importara porque no tienen corazón o por insensibles. No empiecen las señoras a alegar que a ellos les vale un cacahuate cómo nos sentimos. Lo que pasa es que los hombres necesitan resolver el problema en su cabeza antes de expresar qué sienten. Y eso lleva su tiempo.

En cambio, nosotras corremos a casa de mamá a desahogarnos. Nos vamos con las amigas al cafecito a contarles el problemón que tenemos con el marido. Y en nuestra versión de los hechos, siempre tenemos la razón.

No lo atosigue preguntándole insistentemente qué piensa. Y mucho menos pretenda que le diga cómo se siente. Calma, si él necesita hablar lo va a pedir. Eso casi nunca sucede, ¿verdad? Pero no hay que perder la esperanza.

Es probable que le pida que lo acompañe a algún compromiso de trabajo, o la lleve a cenar. Usted ya tiene su *speech* ensayado. Una respuesta para cada pregunta que ni siquiera él ha formulado. Ya trae la opción a, b y hasta c. Ya ve cómo somos las mujeres de precavidas.

Pues no. Quizá él no quiera hablar de lo que pasó entre ustedes y prefiera tratar de arreglar las cosas buscando un acercamiento sin palabras. ¡Ah!, pero nosotras queremos una explicación cara a cara, decirle en el rostro que la relación está a punto de venirse abajo y todo por su culpa. Porque nada hace bien. Porque cada que surge un problemita, a él le gusta hacerse el mudo. ¿Qué pasó, comadritas? No hay que llevar las cosas al extremo ni ser tan trágicas.

Paciencia, dele su tiempo y espacio.

Ellos procesan la trama de manera diferente. No lo presione ni atormente.

Dele tiempo al tiempo. Tómese un tecito relajante o una bebida refrescante que le baje la presión. Un tecito reductivo, ya de pasadita. Salga a caminar o entre al cine sola. Despeje la mente. No se junte con gente que le suba el ego dándole por su lado diciéndole que usted tiene la razón. Nunca falta la amiga que dice: "Déjalo, castígalo. Aplícale la fría, no le dirijas la palabra." Ya verá que cuando se le baje a usted el coraje comprenderá que su marido no es tan malo y usted no es perfecta.

No tome una decisión precipitada. Recuerde que el matrimonio es... hasta que la muerte los separe. Respire hondo y tómelo con calma. Cuando al hombre se le pase, regresará a sus brazos como si nada hubiera sucedido, ya lo verá.

Cocinar el amor

Bien dicen que el amor entra por la cocina. Pero muchas no tenemos tiempo ni de abrir el refri o nos falta sazón. Usted no se estrese, comadre, si lo suyo no es calentar la estufa. Más bien ocúpese de ponerle los ingredientes necesarios a su vida, al matrimonio. Su relación necesita alimentarse todos los días.

Barriga llena, corazón contento, pero no todo es saciar el hambre. Es preciso estar en paz con uno mismo y dar amor sin cansarse.

Queremos resultados, pero estamos dispuestas a dar muy poco.

Sea generosa en su relación de pareja y verá cómo las bendiciones se multiplican. Generosa con usted y con los suyos. Ámese primero, pues quienes más contentos están con lo que Dios les dio son las personas que más se aceptan y tratan mejor a los que los rodean.

Mire a su alrededor, si tiene un jefe canijo que está la mayor parte del tiempo tratando de hacerle la vida un yogur, o una compañera de trabajo que es la negatividad andando, o una madre que no tiene tolerancia con sus hijos y todo la irrita. No hay fallo, son personas frustradas.

No tienen el puesto que creen que merecen o padecen una mala relación familiar. Y sí, un matrimonio que odian. Llegan a casa sólo a dormir con un hombre que no aman.

Convivir con un marido que ya no nos gusta, que nos cae gordo. Puede convertir nuestra vida en un verdadero martirio. ¿Pero sabe quién es la responsable? Una misma. Nadie más.

No permitamos que el hombre de nuestros sueños se nos escape. No, si se casó enamorada e ilusionada.

Nunca es tarde para proponérselo. Nunca es tarde para ser feliz. Sentirnos satisfechas y exitosas.

Busquemos la balanza para lograr equilibrio y éxito en todas las áreas de nuestras vidas.

Cada año nos conocemos más. Entendemos y aceptamos nuestras virtudes y defectos. Y con tanto curso y literatura de autoayuda a nuestro alcance, estamos más dispuestas a superarnos.

La frustración vive cerca y le encanta rondarnos. Sobre todo si posponemos nuestras metas y no hacemos nada para lograrlas. Échele ganas. Mujeres al ataque. Esposas y madres en acción. Profesionistas súper *woman*, vamos a dar batalla.

Aquí les va una pócima infalible para lograr un: "Y vivieron felices para siempre."

Esta noche prepárele a su hombre un caldito cargado de amor, pero no se le olvide ponerle:

- 1 cucharadita de pasión.
- 1 chorrito de complicidad.
- 1 pizca de alegría.
- 1 onza de perdón.
- 1 puño de apreciación.
- 1 puño de agradecimiento.
- 1 cucharada raza de comunicación.
- 1 puño de comprensión.

Dialoguen, caminen juntos. Antes de reclamar, pongan de su parte. Antes de criticar, valore lo que su pareja trae a la relación. Tener un buen matrimonio no se logra por arte de magia. Necesitamos poner mucho empeño y una "ayudadita" nunca está de más. Así que a preparar el caldito del amor y a gozar, que el mundo se va a acabar.

Ciega, sorda y muda

En la pareja como en la vida hay que aprender a editar. A callar la mitad de lo que sabe y a no almacenar todo lo que oye. Comunicación sí, pero es importante poner atención en lo que se dice y cómo se dice, porque expresar absolutamente todo lo que nos molesta de la pareja no tiene caso. Sobre todo cuando se tiene por marido a un hombre y no a un guiñapo. No es lo mismo dócil que pusilánime. No confundamos.

No le digo que no pretenda hacerlo a su modo. Es lo más divertido del viaje en pareja. Mujer que niegue que no quiera "moldear" a su hombre miente. Ahormar, adaptar, es un tema. Cambiarlo, ya es otro muy diferente. Contraproducente para la relación. Si quiere a su marido, pero con otras características, físicas y emocionales, la cosa anda mal.

Pero supongamos que tenemos sólo pequeñas quejas. Algunos reclamos o situaciones que nos gustaría que se dieran de otro modo: que la suegra no se meta a opinar cómo lleva su casa o que la cuñada no pretenda decirle cómo guisar. Ponga en una balanza cuáles son esas minúsculas demandas que valen la pena poner sobre la mesa. Si puede tolerarlas o hacerse la de la vista gorda, créame que ayuda.

Si vamos a protestar por cada cosa que no nos parezca, nos convertimos en la bruja del cuento. Cuando usted le habla por teléfono al marido, pocas veces le contesta. Alega que no tiene señal o que se le acabó la pila. ¿Le suena? Póngase a pensar, si su marido le llamara a cada rato para reclamarle, qué flojera, ¿cierto? Estoy segura de que a usted, comadre, no le darían ganas de responderle. Fíjese cómo las personas que tienen buena vibra, que sonríen y están de buenas, siempre están rodeadas de gente.

Como abejas a la miel uno quiere estar donde reina la alegría. Y no la queja y la querella. Si usted se proyecta como abogado litigante en medio de cualquier pelea, mejor curse la carrera de Derecho. Nunca es tarde. Pero convertir su hogar en juzgado, sólo porque al marido se le olvidó recoger la ropa de la tintorería, no tiene caso.

La pelea genera más pelea. Muchas veces conviene ignorar. No se trata de ser sumisa. Pero sí de evitar pleitos a lo tonto. Todo para echarle en cara que usted es muy trucha y siempre decide perfecto.

¿Y para qué? ¿Para que llegue la noche y se vaya a dormir con su *peoresnada*? ¿Quién la riega más? ¿El "menso"? ¿O la que pernocta con el dizque menso? Antes de generar una batalla, pregúntese si vale la pena provocar la reyerta. Cuestiónese si está bien echarle en cara todos sus defectos. Ya sabemos que es desordenado o lento. Que nunca llega a tiempo o que es olvidadizo.

¿Qué va a hacer al respecto, comadrita chula? ¿Recordárselo a cada rato? ¿Con qué finalidad? Invierta mejor el tiempo en trabajar en usted, en lo que pueda cambiar para crecer como ser humano. Trabaje en la tolerancia, en aplaudir las buenas cosas y en todo lo positivo que aporta a su vida y familia el marido.

Recuerde que vivir es un gran regalo y encontrar a la media naranja una bendición. Formar una familia, algo divino. Atesore cada momento que comparta en el hogar. Y no se empeñe en hacerle la vida de cuadritos a los que viven bajo su techo.

Piense que muchas veces, si se trata de vivir armónicamente, conviene hacerse la ciega, sorda y muda para ser felices por siempre.

Bendito celular

El primer teléfono móvil en México apareció en el mercado en 1995, era un ladrillo y pocos tuvimos acceso. Bendito Dios, ahora hasta los regalan, y digo "bendito" porque ahora sí a los maridos los traemos bien localizados.

Al *smartphone* hay que hacerlo nuestro aliado. Hoy le puede pedir que le mande la foto y el video, o hasta mensaje de voz. Sí, una constancia visual o auditiva. Estos nuevos teléfonos son una maravilla.

Malo cuando el hombre no tiene señal o poca batería. ¡Mañosos! Y una como loca escuchando la grabadora mil veces de tanto insistir, porque no sé cómo le hacen, pero cuando no quieren dar razón del paradero, no contestan.

Mire que una les dice que lleven el cargador, que no se metan en lugares donde haya interferencia, pero nada, algunos son tan vivos que hacen como que no oyen cuando nos contestan.

Dicen que los mensajes de texto o el *WhatsApp* son impersonales, a mí me parecen una maravilla. Edúquelo para que sea romántico con el teclado, si usted lo llama y el hombre está en una junta, ni sueñe con que le va a contestar cariñosamente.

Lo más común es que se hagan los ejecutivos. Usted le marca para que no se le olvide traer del súper el pan y ellos contestan como si no nos conocieran. Ya me pasó varias veces, por eso he optado por ponerme melosa con los mensajes de texto, y cómo ve que, como bien dicen, las relaciones de pareja son un espejo. Mi marido ahora me responde como si yo le estuviera dictando el mensaje.

Ya me evité hacer corajes, a fuerza quería que en una comida de negocios él me dijera "Te amo" frente a todos. Ya aprendí, ahora me lo escribe y causa en mí el mismo efecto. Entonces comadre, no nos queda de otra, si no puede con el enemigo, ¡únase! Aprendamos a manejarlos, a enseñarles pero sin querer imponernos, mucho menos necear. Cambie las llamadas por mensajes de texto o *whats* y recuerde: por ninguna razón le escriba para reclamarle, eso no funciona.

A los hombres no les gustan las quejas, escríbale bonito y verá cómo reacciona positivamente. Tampoco se pase de la raya y se convierta en una melcocha que cae gorda, enfóquese en regalarle amor, verá cómo todo camina.

Recuerde cuando no teníamos cómo localizarlos, cuando sólo existía el teléfono fijo, hay que agradecer un invento como éste, pero no abuse. Si lo quiere controlar vía satélite todo el tiempo sólo los alejará de la casa.

Mantenga a su hombre cerca y utilice los mensajes de texto, notas de voz, video, para hacerse presente. Total, al *smartphone* le sobran aplicaciones y a nosotras "artimañas" para hacernos presentes.

Acorte las distancias, utilice el celular a su favor y en lugar de que dé la nota discordante en su relación, utilícelo para el bien del matrimonio.

La imprescindible

A mi marido y a mí nos encanta el café. Desde el principio de la relación yo me hice la que no entendía cómo funcionaba la cafetera. ¿Y sabe por qué, comadre? Porque sabía que se le haría costumbre y, entonces, de por vida me tocaría a mí prepararle el cafecito. Qué equivocada estaba.

Mi madre le colaba bien cargado el expreso a mi papá. Yo me fui de mi casa recién cumplí veinte años y la pobre, a pesar de que tenía quien le ayudara, seguía preparándole el café porque él se lo pedía, como una obligación. Lo recuerdo como si fuera hoy. Había días en que se lo solicitaba con un "Mi amorcito…" o con un piropito, pero si se distraía o ponía como prioridad otra actividad, seguro la petición terminaba en reclamo. Otras veces mi mamá caminaba con cierto contoneo por toda la casa vanagloriándose del aroma que desprendía aquella taza de café.

Me imagino que era el amor con que lo preparaba lo que la hacía poner cara de presumida. En tiempos de "período especial" en Cuba, la mezcla traía granos de chícharo incluido para engañar a la cafetera. Sólo aplicando ese truco alcanzaba para más de un cafetucho.

O quizá caminaba muy oronda porque sabía que por el antojo lo tenía agarrado. Lo había hecho totalmente dependiente de su colada.

Durante años ese hábito se les hizo costumbre y manejaban un lenguaje corporal y verbal que sólo ellos entendían.

La complicidad del café. Nadie tocaba la cafetera más que ella y mi papá aseguraba que no había otra persona que colara el café mejor y más cargado que su mujer. Dígame usted si el café tiene algún secreto o ciencia. Es lo más fácil de preparar del mundo. Si me dijera un plato de frijol con puerco o unos chiles en nogada, le creo. ¿Pero una tacita de café, comadre?

Ahora entiendo que sólo era una mentirita piadosa de mi papá. Cosa que hacía muy bien, motivaba a mi madre a correr a la cocina cuantas veces se lo pidiera. Alabamos, adulamos, exaltamos la más mínima cualidad de cualquier mortal, menos la de nuestra pareja. Somos capaces hasta de hacerle la barba y lambisconear a muchas personas, pero al marido o esposa, nada. ¡Y hace mucha falta!

Fui testigo durante años de aquella danza de la infusión. Yo no quería repetir el patrón de mi madre y tres veces al día tener que andar enchufando la cafetera. Pero lo que sí quiero es traer al marido corto, cerca, enamorado.

Aprendí de mi madre que no hay otra manera de lograrlo. Hay que generar una complicidad con el hombre. Alguna actividad, momento, detalle que se vuelva un hábito donde el otro y hasta uno mismo sienta que no puede ser suplida o realizada por alguien más. Yo no hago el café en casa porque nadie lo prepara mejor que mi marido. Pero sólo yo sé la cantidad exacta de azúcar y leche que lo hacen feliz. Él lo sirve y espera pacientemente a que yo se lo endulce y hasta lo revuelva. Juntos nos consentimos. Nos hemos vuelto adictos al café. En la mañana, después de la comida y cena. Incluso antes de dormir. El ojo pelón toda la noche, pero eso sí, nos miramos con ojos de amor.

Entonces comadre, si todavía no encuentra cómo hacerse la imprescindible corra a crear el momento o la situación. A buscar cómo hacerlo pensar que sólo usted es capaz de mimarlo o complacerlo con algún detalle. Puede ser tan sencillo como hacerle piojito antes de dormir. O acomodarle las camisas en el clóset de cierta manera. Servirle el agua a determinada temperatura. O ponerle la pijama desabotonada encima de la almohada. Rociar un aroma especial (siempre el mismo) sobre las sábanas y toallas.

No tenga miedo a los hábitos. Porque los hábitos crean lazos y eso es lo que se necesita para tener un buen matrimonio... Hágame caso, endúlcele la vida con ese algo especial que sólo usted le puede dar y conviértase en la imprescindible.

Marcando el territorio

Mucho debemos aprenderle a los canes; ellos marcan el territorio una y mil veces si es necesario, es su naturaleza hacer pipí para delimitar sus espacios. Recientemente, una amiga me dijo que cuando pedía pizza a domicilio en la casa de su novio, ella solicitaba la orden bajo su nombre, lo mismo en la tintorería y los súper que tienen la opción de llevarte el pedido, farmacias, taquerías, comida rápida, absolutamente todo está registrado por ella. ¡Ojalá y así también logre escriturar la vivienda!, pero eso lo dejamos para otro manual.

¿Cómo hacerle para ser la dueña y señora del feudo? Es un punto que debemos tocar. El tema de marcar el territorio es lo de hoy, no hay que dejar que se nos salga lo retro y los pongamos a ellos por delante. Está bien en un restaurante hacer la reserva a nombre del señor, pero es mucho más elegante ponerla a nombre de los dos.

Frecuentar los mismos sitios genera costumbre y el servicio se va a esmerar por atendernos llamándonos por nuestros nombres, pero es más inteligente abarcar varias zonas. No se limite a que la lleven siempre al mismo restaurante, eso es marcar territorio, que sepan que el señor es casado, lo mismo cuando tiene alguna actividad en el trabajo, no lo mande solo. Si él la invita no pierda oportunidad.

Es más, en fechas significativas como Navidad, esmérese en mandarle detallito a toda la oficina con un presente de parte de los dos. Es muy común mandar a hacer tarjetas de regalos personalizadas a nombre de la familia, muy bien, no olvide firmarlas con puño y letra, acérquese al marido y que el ponga su nombre y usted el suyo. Marque territorio.

Los maridos gracias a Dios son un poco despistados, no verán con malos ojos esos pequeños pasos que, si bien se hacen de corazón, llevan un poco de artimaña. Si puede ponerle en su auto la sillita del bebé, pues también, así como del nieto, del hijo, del sobrino, ¡todas funcionan! A la vista se sabe que el hombre está comprometido con la familia.

Si hay presupuesto en casa y como en las películas hay para camioneta y auto deportivo, ¡ojo! De vez en cuando mándelo en la familiar, que no crea la gente que anda suelto y sin compromiso por traer el descapotable.

Mándele *lunch*, como cuando manda a sus hijos en la escuela, esmérese un poco y hasta escriba "Te amo" en la servilleta. Al principio es posible que los godinez de la oficina le hagan burla, pero en el fondo todos sentirán envidia. ¿A quién no le gusta que lo apapachen?

Tacto para no caer gorda ni exigir ser presentada como la señora, ese tipo de "ataquitos" a los hombres no les parecen. Deje que las cosas fluyan, pero hágase notar. Marque su territorio con delicadeza, pero márquelo. Si el espacio es suyo, hágalo notar.

¿De Maléfica todo el año?

No trate de entender el amor, mejor demuéstrelo. Abrace, sienta y comparta. Si está pasando por la peor crisis matrimonial, aprenda de este momento y no le dé cabida al melodrama.

No deje que los problemas contagien todas las áreas de su vida. Y que lo que comenzó como una mala situación ahora desequilibre la existencia, afecte su trabajo, la relación con los hijos y con los familiares.

No se desquite con los demás. Caras largas y mujeres rencorosas, llenas de odio y sed de venganza las tenemos en las telenovelas. Los capítulos de viernes son fuertes, no los lleve a la casa. Ya bastante tenemos con Halloween.

Pobres maridos, a donde quiera que volteen a ver encontrarán brujas.

Pásese un pañuelo blanco pa' que recoja la mala vibra, vaya a misa o practique la posición de flor de loto. Récele a quien más la escuche y pida por la armonía en su hogar. Pero, sobre todo, prométase a usted misma no hacer olas.

Una basurita en el ojo puede convertirse en conjuntivitis sólo si lo permite. Inhale y exhale cuantas veces sea necesario, pero no espere llegar a casa cargada de frustraciones y empezar a buscar el negrito en el arroz cada que aparece el marido.

Si él entra por la puerta y en lugar de esperarlo encremada está usted, comadre, disfrazada de bruja, la cosa ya es grave. Sólo dos días de noviembre celebramos a nuestros muertos y usamos disfraz pero, ¿todo el año de Maléfica? ¿Qué pasó? Acuérdese, como digo yo, siempre hay una más joven dispuesta a causar menos gasto. No se me confíe y échele ganitas.

Y para la siguiente vez que me toque disfrazarme, pienso hacerlo de mucama, bien rabona, con mis medias Miguelito, las que usan las bailarinas para apretar bien las carnes, o de enfermera. Tomarle los signos vitales y la temperatura. Cualquier pretexto es bueno.

Recuerde verle siempre el lado bueno a la relación. ¿Está acompañada? Agradezca y aplauda la compañía. Si de todos modos va a estar con él, sale mejor pasarla bien. De nosotras depende.

Saque de su vida a Maléfica, no le dé entrada ni en Halloween. Recuerde que las malas, al final, nunca triunfan ni se salen con la suya.

Maldito Candy Crush

Todo en exceso es malo.

Los *smartphones* han venido a ponerle en la torre al matrimonio. A menos de que el marido esté en el chat, no se les comunica absolutamente nada. Es más, nos dicen: la mudita.

El tránsito se ha convertido en una bendición para las adictas al celular. Mientras ellos se pelean por rebasar o cambiarse de carril, nosotras nos enteramos del último chisme de la oficina. O nos llega de primera mano quién de las mamás de la escuela del niño se está separando.

Con eso de que hablamos más, escribimos más y con mayor rapidez. Poseemos aptitudes de secretarias empresariales. Lo malo, comadre, es que ya les enseñamos cómo ignorarnos. Entonces, mientras nosotras revisamos Twitter, Facebook o nos metemos al chat del móvil, ellos están agrupando frutitas.

Y eso sí nos prende la mecha. ¿Y cómo no? Tan grandotes y con esos pasatiempos tan infantiles. De veras no se puede creer. Lo peor es cuando una les pregunta qué hacen y ellos nos dicen que trabajando. Pero la culpa sin duda es nuestra. No debemos pasar horas en el celular. No articular palabra durante la cena o comida porque estamos comunicándonos con otras personas en el chat y pretender que ellos estén dispuestos a esperar.

Ya aprendieron a ignorarnos. Y nosotras fuimos las maestras. A ellos les cuesta interactuar, le huyen a las especulaciones, a los chismes o a tratar con personas. Es por ello que en lugar de meterse en una red social o chatear prefieren activar juegos sencillos donde puedan aislarse, excluirnos y transparentarnos, donde definitivamente puedan funcionar solos. Es decir, ellos y su celular. Una comunicación directa y efectiva.

Mientras nosotras nos comunicamos con todo el mundo, pero no con el marido, ellos hacen lo propio, pero no se comunican con nadie, sólo con ellos mismos. Y aún así somos capaces de sentir celos.

¡Maldito Candy Crush! Ahí los tiene como mensos bien concentrados para tratar de pasar de nivel. Antes era la revista del conejito la que lograba abstraerlos, pero las cosas han cambiado. Maldito Jewels saga. A eso juega mi marido cuando estamos en la sala de espera de alguna cita o revisión médica. Y cuando le reclamo, tiene razón en contestarme que yo no suelto el celular.

Pongamos reglas, comadre. Pero empecemos por cumplirlas nosotras. Jamás lleve el celular a la mesa, menos a la cama. Limítese a dejarlo en la bolsa y póngalo en vibrador. Imagínese a media intimidad que vaya a andar el aparato interfiriendo. No está bien.

Si fuera una emergencia le llamarían a la casa. Acostumbre al jefe a que hay un horario para responder sus llamadas. Igual a las amigas. No le robe tiempo al marido ni a la familia por dedicarle su atención a lo que dicte su celular.

Relájese y disfrútelos. No permita que la pareja se sienta abandonada por culpa de su adicción al celular. Al rato no podrá evitar que ellos aprendan a manejar su móvil de tal forma que nos hagan sentir que pueden dejar en casa la billetera, pero no el teléfono.

Ponga el ejemplo y evítese que el maldito Candy Crush le robe al marido. Ese juego es más demandante que una casa chica. Hágame caso y mantenga lejos de su matrimonio el celular. A menos que sea para comunicarse entre ustedes y entonces sí, acorten las distancias.

Un mandilón

Si el marido quiere meterse en la cocina, déjelo. Sobre todo en fechas como Noche Buena o Año Nuevo, porque no está bien que usted sea cada año la única a la que se le escurra el sudor por la frente después de sacar el pavo del horno. Déjelo ser, tantito, mandilón.

En una Navidad, a mi marido le dio por revivir la receta del bacalao de su difunto padre. Yo muy lista lo animé para que no se perdiera la tradición. Ahí me tiene picando cebollas, jitomates y chiles güeros. Es mejor ser pinche, créame. Sí, asistente del cocinero, porque como quiera lo que importa es la sazón final. No se necesita mucha habilidad para picar la verdura.

Y es que ¿a poco no es un agasajo verlos con el mandil puesto y dándonos a probar del cucharón?

Nada más me acuerdo y me emociono. Déjelo que le ponga sal y pimienta, que le encuentre el punto... de cocción. Porque es muy bonito que ellos se integren, participen y le pongan de su cosecha. No que sólo se acerquen al plato cuando ya está servida la mesa.

Muchas veces por querer tener el control hasta de la cocina no les permitimos entrar. Otras decimos que arman mucho tiradero a la hora de guisar, que mejor no ayuden. Y los excluimos del mundo del cilantro y perejil. Los maridos deben tener alguna especialidad culinaria y desarrollarla. Hacer bien una salsa molcajeteada. Adobar sabroso el lechón. O de perdida preparar una rica torta.

Para ello debe animarlo, darle pie a que quiera llevarse el aplauso. No pierda momento para reconocerle en público que su sazón es único.

Póngale el mandil y verá que hasta es excitante cómo nos deleitan el paladar.

Hágame caso, déjelo entrar a la cocina de vez en cuando y, mejor aún, en fechas especiales. Hágalo sentir el rey. Bien sabemos nosotras lo triste que es no recibir ni una porrita, aun cuando guisamos para chuparse los dedos.

Todas soñamos con un mandilón. Esos hombres que se ponen el delantal para acercarse a la estufa, y lo mejor es que lo hacen con orgullo y de corazón, sin perder la virilidad.

Hay que reconocer también que dejan un reguero tremendo en la cocina y que la mayoría de las veces necesitan ayuda para saber dónde está el aceite y el vinagre. Pero usted no le mate la ilusión: déjelo ser, un guapo mandilón.

El buen esposo

Hágame un favor comadre, como que no quiere la cosa, tome el manual abierto en esta página y déjelo sobre la mesa, acompañado de un café. Y póngase buza para que el marido lea este apartado. Lo titulé "El buen esposo" porque estoy segura de que, al escuchar estas palabras de los labios de su marido, usted caerá rendida nuevamente a sus pies.

¿Qué es lo que todos queremos? Sentirnos amados, valorados y no tener reclamos de nuestra pareja. ¿Cierto? El propósito de este manual es ayudarnos a cambiar el chip para que usted sea comprensiva y le baje dos rayas a las exigencias, las quejas y los berrinches.

Todos estamos en busca del "y vivieron felices para siempre". Este apartado, por eso, está dedicado a ustedes, queridos caballeros. Aquí les van las palabras mágicas que nosotras necesitamos oír.

1. ¿Qué tienes, mi vida? ¿Te pasa algo, mi amor?
2. ¿Qué sería de mí sin ti, mi amorcito? Eres la mejor mujer y la más completa.
3. Tú dime, aquí estoy para escucharte, mi reina. (Tome en cuenta que pronunciamos veinte mil palabras al día, las mujeres necesitamos desahogarnos.)
4. Qué bonita se ve mi esposa. Me encanta cómo te ves. (¿Quiere matarla de amor? Mejor aún, dígale: "Me gustas más cómo te ves así, sin maquillaje." Recuerde que la labia mata.)

5. Eres el amor de mi vida, nunca he sido más feliz. (Esta simple expresión nos hace sentir importantes. Todas queremos ser la reina de su corazón.)

6. Usa mi tarjeta, mi amor, para eso estoy, para darte gusto. (Tampoco se la dé ilimitada porque ya ve cómo nos gustan los zapatos y nos alocamos en la primera tienda. Pero es bonito saber que una tiene un príncipe a su lado que vive para darnos gusto.)

7. Tienes toda la razón. (Pero cuide el tono en que lo dice. La ironía nada más nos prende negativamente. Dígalo de corazón. ¿Para qué pelear si se casó para toda la vida? ¿Para qué reñir si en la noche dormirá en el mismo lecho que su amada? El sofá nada más da dolor de espalda, hágame caso.)

8. Perdóname, fui un tonto. (¡Ah, cómo nos gusta que nos ofrezcan disculpas! Sean sinceros caballeros, a ustedes les cuesta mucho hacerlo y eso nos saca de nuestras casillas.)

9. Eres la más guapa. (Resalte con elogios sus partes más bonitas. Sus piernas, su cabello, su sonrisa... No escatime en flores. Somos competitivas por naturaleza. Con un cumplido de esa altura nos harán sentir seguras. Recuerde que si usted como marido no dice nada lindo, otro más pillo lo hará. Pero de quien queremos escucharlo es de usted, anímese a adular a su amor.)

10. Te amo. (Con los años nos olvidamos de pronunciar esta hermosa frase romántica y nos conformamos con: "Te quiero", o "te tengo cariño". Dígala mirándola a los ojos, ya verá cómo se derrite una como esposa.)

Dar gusto no tiene precio. Comience a aplicar mis recomendaciones. Y ya verá caballero cómo es más llevadero el matrimonio. Para ser una buena esposa nada mejor que tener un buen esposo.

No pongas la llave de la felicidad en el llavero de tu marido

Media naranja, sí, nuestro complemento, también, pero depender emocionalmente del marido, eso es otra cosa. No es recomendable ni aceptable.

Llámese pareja, amigo, trabajo, nuestro estado de ánimo no debe sufrir altas o bajas por estar a expensas de cómo nos hable o trate el marido, el jefe o quien sea. De por sí las hormonas son bastante determinantes, no le demos más poder a lo que no depende de nosotras.

Me encanta jugar a las casitas. Esperarlo con la mesa puesta. Consentirlo con variedad de platillos. Que note que estoy al pendiente de sus antojos, pero eso no quiere decir que deje de hacer mis cosas. Ir al gimnasio, invitar a la casa a mis amigas y organizar una tarde de té. Sé que se oye cursi, pero funciona. Me entretengo y me mantengo.

Tengo otros temas de qué platicar. Y en cuanto empieza la primera amiga a despotricar del marido, cambio la conversación. No es saludable que todo nuestro mundo gire alrededor del hombre.

Cada quien debe tener su espacio. Si mi cabeza estuviera con demasiado tiempo libre, me la pasaría con el celular en la mano, esperando a que se reporte. Buscándole seis patas al gato, a los mensajes de texto o contando cuántas veces al día me dice te amo, checando el tono, la forma y el fondo. No, comadrita. Hay que soltar, relajar y dejar que fluya el matrimonio. Frases del tipo: "Si me dejas, me mato", ya no están de moda.

A los maridos se les hace más atractivo tener una mujer que no dependa de ellos. Aplica también para las amas de casa. Aprenda a manejar sus emociones y no le haga sentir al hombre que usted es una carga emocional. Usted sabe bien qué la frustra y qué la hace sentir que algo le falta. Luche por sus sueños y trabaje en crecer como persona, en lugar de estar echándole al marido la culpa de cualquier cosa que la incomode.

Merecemos ser felices. Nacimos para ello y nos casamos para realizarnos en el amor, los hijos y la familia. Agradezca y valore lo que tiene. En lugar de poner la llave de la felicidad en el llavero de su marido, tenga el propio. Sea dueña de sus emociones y no recargue el piano o la mochila pesada que trae cargando, en el marido.

Aligere el viaje comadre.

"Mentiritas piadosas"

En diciembre cumplo años de casada con mi marido. Como le juré estar a su lado hasta que la muerte nos separe, amor eterno, pues mi deber es cumplir mi palabra. Pero para tener un matrimonio feliz es necesario saber manejar ciertas herramientas. Y de eso se trata este manual.

Los que logran celebrar las bodas de plata o de oro coinciden en que la base de toda relación es la comunicación. Y se oye fácil, sobre todo cuando ellos nomás escuchan y nosotras hablamos.

No es crítica a los hombres, al contrario, las mujeres hablamos más, es nuestra naturaleza. Y es ahí, comadres, donde solitas nos ponemos la soga al cuello y si mezclamos lo comunicativas con lo honestas, ya valió.

Sí, porque estará de acuerdo conmigo en que la honestidad es la madre de todos los pleitos en la pareja, ¿no? ¿Qué necesidad hay de decirle que nos cae gorda la suegra? O qué tal cuando pregunta qué le vamos a dar de cenar y una contesta muy campante: "Fíjate que no soy tu empleada." No sería más elegante decirle: "Mi vida, a ti que te encanta la comida yucateca, pensé en llevarte a cenar cochinita pibil fuera de casa."

Nos lleva al cine y no falta el marido que comenta: "Con Angelina Jolie sí te pondría el cuerno." Una sale ardida, con la honestidad hiriente, a decirle: "Cálmate, mi vida. Si no tienes ni la cara, ni el cuerpo, ni la billetera de Brad Pitt." Déjelo que fantasee, mejor levántele el ego diciendo: "Qué suerte tengo de que no te conoce, mi amorcito, seguro te pediría matrimonio; estás más guapo que Brad Pitt."

¿Va notando la diferencia? En ocasiones por llevar una bonita relación vale más una mentirita piadosa que ser honesta. No le corte su onda, sígale la corriente.

Todos los hombres sueñan con tener un coche deportivo. Lo ven en una concesionaria y babean. Viene en el carril de al lado y se les van los ojos, los rebasa un deportivo con 500 caballos de fuerza y ellos, como niños, nos miran fijamente para decirnos: "Mira, mi reina, éste es el auto que me voy a comprar cuando me haga rico", y una muy honesta les dice: "Mejor échale ganas para pagar la colegiatura de los niños que ya debemos dos meses."

¿Qué pasó, comadre? Si soñar no cuesta nada. A usted qué le quita que su hombre ande en las nubes imaginándose en la costera de Acapulco en un deportivo con una belleza de veinte. Aunque se saque la lotería, usted no se lo va a permitir, y hace muy bien. ¿Por qué mejor no le da por su lado?

Mire, comadre, ya no sea tan honesta, que lo único que origina es una trifulca matrimonial. Sea sutil y aprenda a darle por su lado y a guardar silencio de vez en cuando. Déjelo expresar sus fantasías, de por sí habla poco.

No le estoy recomendando que se convierta en una mentirosa. Sólo le digo que echar mano de "mentiritas piadosas" puede ponerle mucha sazón a su matrimonio y alejarla de desavenencias. No se tome tan en serio todo lo que le dice. Somos buenas para hablar, pero nos cuesta trabajo simplemente escuchar, sin tener una razón del porqué. Hay que trabajar en ello.

A ponerse las pilas con el futbol

Aplauso para las esposas que nos hemos puesto las pilas con el futbol. Reconocimiento público para las que acompañamos al marido a vivir la fiebre mundialista cada cuatro años. Una porra para las que ya conocemos de grupos, marcadores, arbitraje y hasta fuera de lugar. O al menos hacemos el intento.

No hay excusa para no compartir todas las aficiones. Nos encanta que los maridos nos lleven de compras y nos gusta que nos escuchen. Bueno, pues ya era hora de apoyarlos también con el fut.

Reconozco que yo no tenía ni idea ni de lo que era un gol, pero en el último mundial decidí ponerme las pilas. En casa se vivió una verdadera fiesta. Invitamos parejas de amigos para apoyar a la selección. Durante todo el día veía los resúmenes, mesas de análisis por especialistas y hasta me sabía de memoria el nombre de casi todas las figuras de cada equipo.

Hágame caso y dispóngase a disfrutar. Está a tiempo, si no se ha sentado con el marido a ver un partido. Deje de mostrarse apática y abandone la idea de que el futbol es sólo para hombres.

No hay nada más *sexy* que una mujer se emocione con el balompié. ¿Se ha fijado en lo divinas que están las comentaristas deportivas?

Tienen unos cuerpos de campeonato y a medio México suspirando cuando salen en televisión.

No hay que dejar que nos coman el mandado, comadres. Seguramente su marido estará pensando que la falta de emoción que usted muestra no es exclusiva del género. Si ve a las reporteras tan animadas ha de pensar: "¿Por qué mi mujer reaccionará diferente?"

Tampoco es para que lo use como chantaje porque somos muy de esas. No le saque al rato al marido que usted vio el mundial o el torneo de copa completito "haciendo un gran sacrificio", mientras que él no la lleva al cine a ver una película romántica hace siglos.

Hágalo, no para tener un arma en su contra, sino para compartir un *hobby* en pareja. Recuerde que compartir es una de las palabras claves del matrimonio. Tampoco es que el mundial o el torneo duren toda la vida. Aproveche ese tiempo a su lado. Ponga de su parte e instálese en el sofá. Pida pizza y disfrute tanto o más que el marido y los hijos.

Aprender algo nuevo siempre es emocionante. Póngase la camiseta y anote gol. Vivamos junto al marido la pasión del futbol.

Los hombres también tienen sus días

Paciencia y tolerancia son necesarias para llevar un matrimonio. Esto de que sólo las hormonas nos cambian el humor a las mujeres, no es cierto. Observe al marido detenidamente. Califique su comportamiento. ¿No se ha dado cuenta de que, de la nada, está sensible o cambia de humor? A pesar de que somos muy diferentes, en cuestiones de cambios hormonales yo creo que nos andan copiando.

No es normal que se sientan abandonados si no llegamos a comer o que sin razón se pongan de mal humor porque estamos disfrutando de un buen libro. No nos sintamos el ombligo del mundo ni pensemos que sólo nosotras tenemos el derecho de sufrir cambios repentinos de humor.

Démosle chance al marido.

Sé que es difícil aguantar el mal humor del otro cuando sabemos que nosotros no lo hemos provocado. Pero hay que recordar que todos estamos lidiando con frustraciones cada día. Con el mal humor de otros, como el de los jefes, clientes, tráfico, falta de oxígeno, etcétera. Llegamos a la casa y, ¿con quién nos descargamos? Con la pareja, los hijos o hasta con la mosca que vuela.

No salgamos a la defensiva luego luego y provoquemos una riña de la nada. Respire y déjelo pasar. Piense que de momento le tocó ser el bote de basura como muchas veces le toca al marido aguantar su desahogo. Y de eso se trata el matrimonio, de equilibrio.

Trabajemos en no buscar pelea porque el marido no se comporta como novio de vez en cuando. Ya cuando se hace costumbre ahí sí hay que salir corriendo a buscar ayuda y tomar terapia. Pero pasa pocas veces, entonces no se enganche. Piense que ellos también tienen derecho a regarla, no somos perfectos.

Escúcheme y la próxima vez que el marido protagonice una escenita hágase la sorda y no le siga el ritmo del *sketch*. No olvide que ellos también tienen sus días.

Y si alguien sabe de días hormonales somos nosotras. Sea compasiva y solidaria y no le dé mayor importancia a los pequeños y repentinos cambios de humor.

La bolsa de casada debe estar llena de gratitud y amor

En el matrimonio, como en la vida, no se puede tapar el sol con un dedo. Por eso en este manual les voy a pedir que presten atención a la diferencia que existe en cuanto a tamaño entre la bolsa que usamos de novia... y la de casada.

Se vale reconocer que los años cambian todo. Ahí es cuando hay que ponerle humor a la vida en pareja y aprender a reírnos de nosotros mismos. De novios la bolsa es pequeña, sí. Diminuta para estar disponibles a la hora que nos llamen. Si nos suben al metro, al pesero, al taxi, al auto o hasta en una moto, nosotros no llevamos bultos que estorben. En cambio, de casadas... vea usted cómo el tamaño aumenta. El peso también, igualito que pasa con la grasa corporal. ¿Se ha fijado cómo todos nos casamos bien delgados, y durante el matrimonio engordamos? Es la buena vida, tampoco hay que quejarnos.

Volviendo al tema de las bolsas. Es increíble todo lo que tenemos que cargar una vez que ponemos la poderosa ante el juez. Para empezar, ya no es una bolsa pequeña, no. Tiene que ser grande para que quepa todo el botiquín. Antiácidos para las agruras, un analgésico por si le duele el cuello o la espalda. N'hombre, y en época de liguilla o ¡de mundial!, tiro por viaje cada que mi marido grita "gol" tengo que sacar de la bolsa el ungüento que le alivia las torceduras.

¿Y qué me dicen de las migrañas? Cuando éramos novios rara vez le daban dolores de cabeza. Y si le aparecía una punzadita, con un besito lo curaba. Por eso no necesitaba cargar pastillas para la cefalea. Pero ahorita traigo como cinco tipos de medicamentos distintos para ver si se compone. ¿A poco no? Lidiar con una jaqueca no es fácil. Normalmente es causada por problemas de la vista. ¿Adivinen quién carga los lentes y su estuche? Nosotras. ¿Dónde? En el bolso de casadas.

Cheque el de novia, apenas unos dulces para el buen aliento por si nos agarraban desprevenidas y así oler rico. De casados, como el marido ya agarró confianza y se echa los tacos con harta cebolla y chile, ahí nos tienen cargando la tiendita de la esquina, para que el ojo no nos llore. Chicles, paletas, dulces picositos, pastillas de menta. Hay que salir prevenidas por si se le ocurre llevarnos al cine después de los tacos o de unas hamburguesas.

¿Qué tal cuando se les cae la salsa en la camisa? Luego, luego nos salen con que "vieja, ¿no traes de esas toallitas mágicas?", "claro que sí mi rey y no sólo eso, el talco para que absorba la grasa, el desmanchador instantáneo y, por su puesto, tus toallitas mágicas que tanto te gustan". Bueno, hasta los dejamos oliendo a bebés.

Y así va una echando cada vez más cosas a la bolsa de casada. De novios sólo cargaba la llave de la casa, ahorita cargo hasta con el testamento.

Yo les recomiendo, comadres, que les quitemos peso a la bolsa de casada y aligeremos la carga como a la vida misma. No necesitamos de mucho para ser felices.

Si le dan agruras al marido, paremos en una farmacia por el antiácido. No le pido que regrese a la bolsa pequeña de cuando eran novios. Cargue con la grande, pero no se olvide de incluir en la bolsa amor, gratitud, respeto, confianza, valor, compromiso, honestidad y comprensión. De nada le sirve andar cargando hasta con el molcajete si deja olvidado los elementos más importantes para un matrimonio feliz.

En el matrimonio ganando se pierde

Yo ya no pierdo el tiempo en querer ganar una batalla matrimonial. Recuerde que el vencedor está solo. Para qué se mortifica exponiendo puntos a su favor que al final sólo llegarán a fastidiar la relación.

No hay réferi que medie entre usted y el mareado. Aprenda a no engancharse. La mejor forma de salir en hombros de una trifulca es no provocarla. No le eche fuego a la pelea y no se haga, como acostumbra, la ofendida.

Todo en la vida es cuestión de percepción y gustos. Si su marido elige ver una película de ciencia ficción, en lugar de una romántica, es simplemente preferencia, no le busque más rollo donde no hay. Si no la llama tres veces al día, pero cuando llegan a casa él está ahí para usted, qué mejor. Eso de que la tiene olvidada es sólo cuestión de percepción. Suya, por supuesto. Él piensa que con no andar de cuzco ya hace bastante.

El otro día por poco mi marido saca lo peor de mi ser. Todo por una tela. Sí, tan sencillo como escoger un tono de tela para un mantel, en un momento se puede convertir en un problema si no lo sabemos manejar.

Mientras mayores sean nuestras frustraciones, más sensibles estaremos para desquitarnos con el que sea y como sea. Por eso no me dejé llevar por mi parte interior fea, ésa que todos tenemos. No –me dije muy a tiempo–, que él escoja la tela que le parece va mejor, al fin y al cabo es cuestión de gustos.

Así actué, no dejé que algo tan hermoso como decorar la casa juntos se convirtiera en una pelea. Nos quejamos porque los hombres no son muy partidarios de ir de compras con nosotras. Si les preguntamos qué les parece tal cosa, pues entonces hay que tomar en cuenta su opinión.

No se trata de agachar la cabeza. Tampoco cederles todo el poder de decisión. Se trata de compartir y de que ambas opiniones sean tomadas en cuenta, ¿no cree?

Él eligió el color de la tela y yo la textura. Se oye fácil, porque es fácil. Hay que estar dispuestos a hacer equipo y a no ver al marido como un enemigo a vencer. Deje de clavarle los ojos a la primera que su pareja le diga algo que a usted no le parece.

El matrimonio no se trata de ganar *rounds* como en el boxeo. Olvídese de obtener la victoria. Nadie premiará su acto más que su propio ego.

¿De qué le sirve sentir que se lo fregó o que le ganó en una discusión si al final del día dormirá con un derrotado? Insisto, trabaje en equipo.

Siempre defienda la pareja y procure que los dos salgan victoriosos, pero en dupla. Para eso nos casamos, para tener un cambio de vida en el que podamos compartir los mismos sueños e intereses con alguien especial. ¿Ya lo encontró? Entonces evite las peleas.

"Yo te quiero para siempre, pero siempre es hoy"

Existe una frase de Gustavo Cerati que me encanta y quiero compartirla con ustedes, ojalá les llegue como a mí para que la tengan muy presente en su matrimonio: "Yo te quiero para siempre, pero siempre es hoy."

Qué importante es darle valor a cada día que vivimos. Trazarnos metas a largo plazo claro que funciona. Planear cuándo nos haremos de un bien inmueble, cuándo llegarán los hijos o dónde festejaremos cada aniversario, nos permite direccionar nuestros esfuerzos y sentirnos motivados. Pero olvidarnos del hoy es imperdonable.

Nos casamos, prometemos quedarnos para siempre y ahí estamos. No vamos a la tiendita por cigarros para no regresar. No somos infieles y por nuestra mente no pasa la idea de tener un amante de ocasión o casa chica.

Pero si usted piensa que con eso basta, déjeme decirle que no es suficiente. Comprometerse es el primer paso, ser fieles, constantes, no pensar en la palabra "divorcio" cuando las cosas se ponen difíciles en la relación, es maravilloso. ¿Y la vida? El día a día. ¿Cuándo?

No podemos vivir pensando en que estaremos aquí 200 años. Tampoco en que nos vamos a morir mañana. Pero, ¿qué tal si nos toca irnos sin despedirnos? ¿Se ha preguntado si su pareja, además del dolor de su partida, le lloraría por el amor que no le dio?

¿Por qué no somos sinceros y nos cuestionamos si estamos entregando el cien por ciento a nuestra relación? Sin reservas, sin prioridades, sin malas contestaciones. Caras largas y pocas ganas de estar. Si eso le pasa, arréglelo de manera urgente. De nada le sirve prometer amor hasta que la muerte los separe y no darlo cada día que viva junto a su esposa, marido o pareja.

¡Qué diferente sería si nos juráramos amor cada mañana! Mucho mejor si viviéramos para celebrar el amor cada noche, cada tarde. Como recién enamorados.

Donde hay confianza es cuando nos permitimos los desplantes, el "ahora no puedo atenderte", no contestar el teléfono. "Ve tú sola a la fiesta porque no me cae bien la gente de tu trabajo." No dudo que cumplan las bodas de plata pero, ¿para qué quiere pasar 25 años con una persona que lo mismo le da que llegue temprano a casa o que no llegue?

Les propongo que comencemos a trabajar en hacernos el hábito de amar cada instante, cada minuto de vida y que no se nos olvide que *el para siempre es hoy*, como escribió Cerati.

Si el marido ofrece disculpas, no se tarde en darle el perdón

No sé por qué a veces las mujeres nos empeñamos en satanizar a los maridos de las comadres. Aprovechamos cualquier oportunidad para darle cuerda a la amiga. En lugar de apaciguar la situación, le echamos más leña al fuego.

Por eso, cuando usted, señora, se enoje con su esposo, piense muy bien con quién se va a desahogar. Por un lado, hay que evitar a esas personas, que si bien no lo hacen por malos, desahogan en nosotros todas sus frustraciones. Entonces nos piden que castiguemos severamente al marido por alguna falta que cometan. "Aplícale la ley del hielo", dicen.

Sugiero no dejarnos llevar por el impulso y ser más conscientes de que nuestra relación de pareja es a largo y no a corto plazo. ¿De qué nos sirve pasar días sin hablarle al hombre, hacernos las dignas y casi, casi hacerles el favor de contestarles a medias cuando nos dirigen la palabra?

Por un arranque cancelamos compromisos como bodas y bautizos. Nos viene valiendo cacahuate si ya tenemos vestido y hasta boletos de avión para asistir al evento del año de nuestras familias. ¿En qué momento nos permitimos llevar la situación a ese extremo?

Recuerde que todos cometemos errores. Si de corazón y con humildad nos ofrecen disculpas, aceptemos que no somos perfectos. No hay necesidad de generar una crisis matrimonial.

Llame a la abundancia y no a la miseria. Siempre he creído que los problemas nos desenfocan. De momento decidimos ponernos difíciles como esposas y una cosa lleva a la otra. Entramos en un círculo vicioso donde la relación se nos viene abajo. Nos afecta la tirantez que vivimos en casa en otras áreas de nuestras vidas: con los hijos, en el trabajo...

Comadre, debemos ser más inteligentes que la ira, el resentimiento y la sed de venganza. Recuerde que un marido que sale a la calle a trabajar con mala cara porque tiene problemas en el hogar es presa fácil.

Ponga atención, cuando el marido la riega. Si le ofrece disculpas porque está arrepentido, acéptelas pronto y no ande queriendo mezclar la magnesia con la gimnasia tratando de desquitarse por problemas viejos.

Lleve la fiesta en paz y mucho cuidado con dejarse dar cuerda por voces negativas que sólo harán el problema más grande. Conviva bonito.

Si el marido le pide disculpas por algún error que cometió, no se tarde en aceptarlas.

Reconocer al marido públicamente

Ya sabemos que el matrimonio es como los negocios, tiene sus altas y sus bajas. No siempre está uno de luna de miel y de vez en cuando hasta una mirada les lanzamos a los maridos con cierto desdén.

Pero hay que saber que tan sólo son momentos. Lo importante es tener la actitud. Querer estar y salir adelante. Darle mayor peso a los buenos momentos y no engolosinarnos con las peleas tontas.

No todo es miel sobre hojuelas, hay que ser sinceros. Pero qué necesidad de andar dudando cuando nos preguntan cómo va la vida de casados. "Ahí la llevamos", o como me dijo una amiga en una reunión cuando varias parejas hablábamos de cómo nos iba en el matrimonio: "No vamos tan mal hasta hoy, ¿verdad?"

Parejas que se ven felices, orgullosos de lo que han logrado juntos y no se permiten aplaudirse en público: tache total. Nos han enseñado a ser humildes, pero lo aplicamos erróneamente. Es importante reconocer nuestro trabajo y el de la pareja. Resaltar las buenas cosas, cacarear la labor en equipo.

Qué bien se oye: "Mi marido sabe cómo sorprenderme y eso nos mantiene con la chispa encendida", o "mi mujer es maravillosa, ¿cómo no amarla?" No digo que mientan, porque entonces hasta parece burla. Mejor, aproveche esos momentos que compartan en pareja para recordar cómo se conocieron, hablen de las vacaciones más recientes, de cuándo han sido felices. No importa qué piensen los demás de su matrimonio, se trata de que su marido sienta su reconocimiento y usted también. Créame que funciona. Esos pequeños comentarios hacen la diferencia. No hay necesidad de ocultar lo bueno de la relación por no verse creída o presumida.

Considerar todo lo bueno que le pone el marido a la relación es como cargar de gasolina el auto. La motivación y consideración es importante en esto del matrimonio.

No caiga en la duda o en la falsa humildad. Cuando le vuelvan a preguntar en público cómo va su matrimonio, recuerde reconocerle al marido todo lo que hace para que usted sea feliz, en lugar de exponerlo, señalarlo y criticarlo, que es lo más común en las reuniones. De ahora en adelante, dedíquese a aplaudirle lo bueno.

Vemos y oímos más

Ya ni la amuelan los científicos. Resulta que hay estudios que demuestran que las mujeres vemos más que los hombres y, por si fuera poco, también escuchamos mejor.

Con razón la mayoría de las tarotistas y los videntes son mujeres y nosotras, además, la armamos más de tos que los caballeros en cuestiones de infidelidad.

¡Tenemos un ojo...!, pero también un oído y una boca, que pa' qué les cuento, y un sexto sentido que da miedo. En fin, que lo de la vista es real y también lo del olfato.

¿No se ha fijado que cuando manda a su marido al clóset por la chamarra beige que está entre la falda roja y la blusa blanca, él regresa diciéndole que no la encontró? O cuando usted, toda nerviosa, le dice que huele a quemado en su casa, ¿él le dice que está loca? Le pongo ejemplos cotidianos que seguramente generan trifulca ante su frustración.

Sí, porque a usted le llega el olor de cables chamuscados y, efectivamente, la chamarra beige está ubicada exactamente entre el pantalón y la blusa que le describió.

Entonces usted relincha, le dan ganas de ahorcarlo. Hasta piensa por qué está distraído su marido y no sabe identificar los olores ni tampoco ubicar colores con la misma facilidad que usted.

Ya no se enoje con su pareja ni le reclame. La diferencia no radica en la estructura ocular, sino en la cantidad de andrógenos y receptores en el cerebro encargados del procesamiento de imágenes. Esto hace que definitivamente nosotras veamos más, así que olvídese de panchos. Sólo Dios sabe por qué nos dio más visión que a los hombres.

Mejor vaya usted por el encargo o téngale paciencia al marido. Ya no le pida que busque las llaves ni espere que note el cambio de su perfume o de color de cabello.

Peor aún, si bajó de peso, él tampoco notará la diferencia. Por eso seguirán sin entender que nunca tenemos nada que ponernos ni por qué cada semana necesitamos estrenar zapatos.

Ellos no notan la diferencia, para ellos no existen zapatos cerrados de punta fina, ni balerinas o sandalias negras. Para ellos son zapatos negros y punto.

En lugar de criticarlos, hagamos equipo. Ellos tienen mejor sentido de la orientación y el espacio, por ejemplo. Por eso nos cuesta tanto estacionarnos, es más, comprar un juego de sala o comedor que quepa bien en la casa es un dilema para nosotras. O nos falta o nos pasamos, casi nunca le atinamos a las dimensiones.

Recuerde que son nuestras diferencias las que nos unen, aprendamos a vivir felices con ellas. Relájese con este tema porque están limitados naturalmente en vista y olfato. Tome en cuenta la genética.

Ronquidos no, por favor

Eso de que ronquen los maridos no está padre. Fíjese cómo está la tele llena de comerciales con almohadas, colchones y parches que dicen aplacar el molesto ruido que aparece durante la noche para dividir a las parejas.

Y cómo no va a separar al matrimonio si realmente es un ruido de espanta muertos. Ahora, tampoco hay que desesperarse porque todo tiene solución.

Ya pasé por esa etapa de poner al marido de ladito. Eso de darle golpecitos en la espalda como si fuera un bebé, también la apliqué. Le subí el audio a la tele, pero nada. Al segundo siguiente, retomó el ronquido con todo y ritmo. Caí en las garras de la mercadotecnia y fui por unas tiritas nasales, pero no causaron el efecto deseado. Tiré mi dinero y las esperanzas de tener un matrimonio perfecto.

Eso de que pongo una película y todavía no ha pasado la primera escena y ya el marido se me durmió, me hacía arder de coraje. Después entendí que se levanta mucho más temprano que yo y tenemos horarios diferentes, y eso seguro le pasa a la mayoría de las parejas. Entonces hay que sincronizar horarios para que no haya reclamaciones ni corajitos. Ya aprendí que tengo que poner las pelis más temprano.

Y lo del ronquido también lo solucioné. ¿Sabe cómo? Me duermo primero y ya no me molesta para nada.

Hay que cerrar los ojos y entregarse a los brazos de Morfeo con total confianza. Recuerde hacerlo antes que el marido, en caso de que ronque. Mejore la convivencia con este tip. Conozco muchos matrimonios que se han ido a pique porque no hay tapón de oídos que logre controlar el molesto ruido.

Recuerde también que la obesidad, el alcohol y el tabaco, más una mala postura, influyen muchísimo para que una persona ronque, pero si algo debe tomar en cuenta, es asumir este asunto con calma y no andar reclamando por algo que el pobre marido no puede controlar. Luego hasta por la pena ni descansan bien.

Duérmase usted primero y asunto arreglado.

Ya verá cómo los ronquidos dejarán de ser un problema. Todo tiene solución, que los resoplidos no afecten ni un día más su relación.

Piense bien y acertará

La mente es tan poderosa que si salimos de casa pensando que iniciamos el día con el pie izquierdo, es muy probable que vivamos una serie de momentos incómodos y juremos que el destino actúa en nuestra contra. Todo lo contrario sucede si pensamos que la suerte nos sonríe y disfrutamos de una buena racha. *No existe tal cosa, todo surge de nuestra cabeza.* La vida fluye y lo que llega a nosotros es cuestión de percepción.

Tengo un amigo que quiero como a un hermano. Al principio no le entendía a su onda, pues cada vez que yo me quejaba de algo, él me decía que todo estaba divino. Hasta el tráfico lo veía como una oportunidad. "Así platicamos más", afirmaba con una sonrisa. Con los años me volví su fan. Nos volvimos inseparables y era lógico. ¿Quién no va a querer convivir con un positivo?

Meternos basura en la cabeza sólo nos atormenta y nos orilla a una vida infeliz. No digo que vivamos en la fantasía ni en la mentira. Digo que en el matrimonio necesitamos de mucha buena vibra, pensamientos y acciones positivas para estar juntos hasta que la muerte nos separe.

Recapitule. Deje de pensar que tiene al más panzón de los maridos, aunque viva con un barrigón. Piense que mientras más pancita, más le toca de dónde agarrar. Y así con cada cosa que usted lleva echándole tierra desde hace tiempo. Que si su marido tiene mamitis, piense más bien que, bendito Dios, tiene madre. Si la cela, qué bueno que no anda confiado. Si todo le refuta, qué bien que tiene opinión propia.

Recuerde mis palabras. Piense bien y acertará. Una mente positiva y sana le ayudará a no contaminar una buena relación. Sé que muchas voces llegan, pero recuerde que usted tiene la capacidad de apagarlas.

Redireccione sus pensamientos y procure llevarlos hacia el lado positivo de la balanza. Verá un cambio en su vida personal y también en el de la pareja.

No reclame a lo tonto

El otro día, como es costumbre, mi marido llegó tarde media hora por mí, al salón. Como los estilistas son más psicólogos que artistas de la tijera, me quedé platicando con la peluquera. Me sorprendió su manera de pensar en cuanto a cómo tratar al marido. "Es de las mías", me dije. Y aquí les comparto por qué no vale la pena "reclamar por reclamar".

Hay que aprender a aceptar a la pareja tal como es. El que es impuntual llega tarde siempre, mucho antes de conocernos. Así que más vale agarrar la onda de que no podemos confiar en su reloj, pero no armarla de tos por algo que aceptamos desde un inicio, es mi consejo.

Los tiempos son otros y ya no se casa una sin conocer al hombre. Los matrimonios, al menos en este lado del mundo, dejaron de ser "arreglados". Tenemos la oportunidad de tratarnos y saber de qué pata cojea cada quien. No pretenda enamorarse de un bebedor y que con el matrimonio, por arte de magia, se vuelva abstemio. En su mente es posible que un parlanchín se transforme en un marido introvertido y un novio chismoso se convierta en un hombre discreto, pero en la vida real eso no pasa, así que no reclame a lo tonto. No genere una discusión por regañar al marido por algo que ha hecho desde que lo conoce.

Mientras yo miraba la hora, en lugar de darme cuerda, la peluquera, muy tranquila, me dijo: "No te pelees, no le reclames." Así le hice.

Me subí al auto como si nada. Él me mintió como siempre, echándole la culpa al tráfico, mientras la calle se veía vacía. Me dio mucha gracia, en lugar de ponerme como pantera.

Ya sé que la puntualidad no se le da a mi marido. Si el suyo es de los que nunca llega a tiempo a nada, relájese y téngale paciencia.

Recuerde que el matrimonio no cambia los hábitos de la pareja por arte de magia. Ya no reclame por reclamar.

Valore a los feos

Por más que paguemos un boleto para ver espectáculos como el de *Sólo para mujeres*, amemos los pectorales de Sebastián Rulli y tooodooo el cuerpo de William Levy, en casa los preferimos panzones.

Comprobado. 75 por ciento de las mujeres los preferimos gordos. Mire si seremos tremendas, para refrescar la pupila nos gusta admirar lo bueno. Pero para consumo personal, no queremos lavaderos, nos atrae más un hombre común que tenga salvavidas.

Un estudio reciente descubrió que cuando la mujer es más guapa que el hombre, en una pareja, él nos tratará mejor porque tendrá miedo de perdernos. La mujer se siente más segura y protegida por un feo que por un guapo. Delante del panzón hacemos pasarela sin temor a que nos vean la celulitis, estrías, flacidez o los pechos y las pompas caídas. ¿A poco no le daría a usted cosita pasearse desnuda delante de Fernando Colunga?

El galán de novela es puro músculo, no tiene ni una gota de grasa. Vivir con un Gabriel Soto, un Eduardo Verástegui, qué estrés. Esos adonis no conocen las llantitas. Viven cuidándose y en el gimnasio. Según las encuestas, a las mujeres nos gusta admirarlos y soñar con ellos, pero para dormir diario, preferimos a un feo que a un guapo.

El menos agraciado tiene que echar mano de simpatía, labia y hasta buen amante debe ser en la cama. Y es lógico, si en la repartición no te tocó la cara de Brad Pitt, mínimo hay que ser simpático. ¿No creen? Y eso es lo que en verdad nos atrae de los hombres. No es la cara bonita lo que hace que nos derritamos por ellos. El trato, la buena compañía, que nos sepan hacer vibrar en la intimidad, eso es lo que enamora. Así que, queridos hombres, ya no se preocupen por ser guapos, más bien sean cumplidores y trátennos como reinas.

Y comadre, si usted está enamorada de un hombre feo pero sabroso, cuídelo. No crea que porque no tiene la cara de galán de novela no le quieren dar vajilla.

Valore al marido gordito más que nunca. La competencia es dura y el feo tiene más pegue que los guapos. Están de moda y son muy solicitados. Ya todas por experiencia aprendimos que los feos son más cumplidores.

No olvide recordarle al marido todas las cosas lindas que usted admira de él. Recuerde: un hombre bien valorado jamás se irá de su lado.

Intimidad

Marometas con diploma

¿Por qué será que hay tanta señora tomando clases de *pole dance*? No crea que el asunto es improvisado, salen del curso con todo y diploma. Ahí andan sudando la gota gorda agarrando callos en las manos. Y sí, porque está duro agarrar el tubo, frío y encima sudado por el esfuerzo de otras comadres, está cañón. Pero hacen muy bien en entrarle a un ejercicio que tonifica el músculo y agrada al marido.

Ahora hay unos hoteles que en la *suite* te incluyen el tubo de aluminio. Y a mí me gustaría pensar que están llenos de parejas casadas y no de amantes o profesionales del baile.

Si echamos el tiempo atrás y recordamos lo locas que estábamos por recibir el anillo de compromiso, estoy segura de que si el novio nos hubiese pedido el diploma de *streaptease*, segurito nos hubiésemos graduado con honores.

Porque así somos, no es por juzgar. Cuando queremos, podemos. No importa el esfuerzo que tengamos que hacer para lograr nuestros objetivos. Lo que pasa es que ya casados, pensamos que mejor le baile otra, es muy cansado andar haciendo maromas. Y yo las entiendo, pensamos igual.

Pero créame que tenemos que cambiar el chip. Debemos saber las fantasías y los gustos de nuestros maridos. Si nos salen gozadores, qué rico. Véalo por el lado bueno. Usted andará correteando en las *sex shops* de la ciudad para armarse de buenos aditamentos, cremas y vestuario *sexy* a la altura de sus expectativas.

Si le sale tranquilón, a lo mejor con un baile de tubo lo conquista para siempre. "Pa' qué quiero mirar para otro lado, si en casa tengo de sobra", dirá el marido. Vamos a echarle ganas.

Recuerde que el hábito hace al monje. Ya no se me limite con arriba y abajo. Experimente, produzca el momento. Eche a volar la imaginación pero, sobre todo, póngase a chambear para dominar los cinco sentidos del marido. Hágale cualquier pregunta en medio de la acción, si le responde con un "Mande", ya la hizo. Que su misión sea tenerlo embobado, atontado, bueno, como decimos en mi tierra, embrujado.

¿Pa' qué lo quiere brillante en esos momentos? Usted déjelo menso, pero que la coronen.

Que sus faenas, comadre, sean motivo de plática. Ahora que se vaya con las amigas al café saque el tema, intercambien ideas. Igual y varias se motivan y van por el diploma. Capaz y hasta les hacen descuento por ir en grupo.

Corran la voz, lo de hoy es cumplir sus fantasías en casa. Si tiene ganas de portarse mal, hágalo con el marido.

Recuerde reinventarse cada día y tome muy en serio el terreno sexual en la relación.

¿Vacaciones como soltera?

Todo el año esperando las vacaciones. Las de Semana Santa, de Navidad y uno que otro puente en el que podemos darnos escapadas de tres, cuatro días. Deseando estar con la familia, los niños y... el marido.

Son buenos momentos para evaluar nuestra relación de pareja ¿Qué tanto nos reímos con el hombre? ¿Ha notado que prefiere leer todos los libros que ni siquiera ha hojeado en todo el año en lugar de pasar tiempo con su esposo? Ocupamos cualquier pretexto para ir de compras. ¿Y sola? En la playa nos inventamos que necesitamos un pareo o unas chanclas nuevas. "Ahorita vengo, mi vida, voy a correr." ¿En vacaciones? En el gym encabezas la lista de los que brillan por su ausencia. "Voy a llevar a los niños a la alberca, al rato nos alcanzas." Con tal de no tenerlos cerca hasta nos metemos al agua con todo y faja. Cualquier excusa es buena para evitarlos.

Muchas veces no somos conscientes de esto. No sabemos en realidad por qué ignoramos a la pareja y hasta nos volvemos egoístas. Queremos tiempo para nosotras. Para desconectarnos de la presión diaria que conlleva sacar adelante un hogar. Luchamos incansablemente por tener una familia propia.

Tomarnos la foto de "los cuatro" como aparecen en los promocionales para salir en crucero. La familia perfecta ya está, ya la tienes.

Pero ahora prefieres meterte horas a internet, chismear en el teléfono con la comadre o checar tu horóscopo del día en lugar de dedicarle tiempo al marido. A ese hombre que le vendiste la imagen de la mujer perfecta, cariñosa, detallista, amorosa, dulce. Y lo hiciste sin maldad, porque en realidad eso eres. Somos únicas motivadas por el amor.

Pero cuando baja el enamoramiento, cosa a la que todos estamos destinados, no hay que sentirnos culpables, ni salir a buscar nuevas emociones en otros brazos. La mala noticia es que a los pocos años vamos a tener la misma sensación.

Queremos mariposas en el estómago toda la vida, pero éstas se van pasados los dos años de relación. Entonces, ¿cuál es nuestra chamba? Estar muy alertas. Las manos sudadas, palpitaciones precipitadas y la inapetencia pronto abandonan a la pareja. En cambio, puedes lograr una relación sólida, de cómplices que eligen estar juntos para siempre.

Entonces, en las vacaciones, donde tenemos más tiempo para disfrutarnos, en lugar de aislarme y ponerme a pensar a dónde se fueron las mariposas, voy a poner mi cien por ciento.

Mi cien para ser feliz cada día. Uno a la vez. Ya sabemos que existe un acuerdo notarial. Somos marido y mujer, pero hay de matrimonios a matrimonios.

Las relaciones son un espejo. Si tu marido no sabe cómo mantener viva la relación, pues enséñale tú. ¿Cómo? Buscándolo, sorprendiéndolo. Al rato él va a querer devolverte cada uno de esos detalles y si no aprende a sofocarte, por lo menos sí a gozarte.

Desde que abras los ojos pon a trabajar a tus cinco sentidos. Imagina mientras te bañas cómo será ese encuentro íntimo. Estimula y despierta esas ganas escondidas de hacer el amor con tu marido.

Merecemos sentirnos satisfechas, amadas, realizadas.

No te permitas hacer vacaciones de soltera estando casada. Nunca es tarde. Aventúrate a reconquistarte, reconquistarlo y a hacer que cada día cuente.

Que no le digan, que no le cuenten...

Ni los ostiones, ni el aguacate, ni las almendras funcionan como afrodisiacos. Comprobado científicamente. No existe estimulador erótico comestible. Los expertos aseguran que todo es mental.

¿Por qué con el pasar de los años en una relación baja la libido y suben las distancias? Porque la costumbre y la pasión son como el agua y el aceite. No se llevan. Estimular el deseo en la pareja es fundamental. Incertidumbre, novedad y erotismo se llevan de maravilla.

¿No ha escuchado ese dicho que dice que escobita nueva barre bien? Es cierto. Y a usted no le interesa barrer con otro modelito ni que su marido se consiga un mechudo, bueno... mechuda. Entonces, ¡póngase las pilas! Una famosa antropóloga asegura que el coctel de hormonas que se desata en la primera fase del enamoramiento, el más lujurioso, apenas dura dos años. En cambio, la oxitocina, la que nos conduce al apego, es la más permanente. La clave está en añadir unas gotas de complicidad, de riesgo, de juego y de picardía cuando los años empiezan a arruinar la excitación de la novedad.

Evitar las relaciones demasiado familiares. ¿A qué me refiero? Esas relaciones de mejores amigos o tipo madre e hijo matan la pasión.

Agréguele un toque de locura.

No vaya ahora a pelearse y correrlo de la casa para después buscar la reconciliación. ¿Qué tal que le tome la palabra? No comadre, esfuerzo, acción, creatividad, busque la risa y un toque de celos. Como decían las abuelitas "Señora en la casa, amante en la cama."

¿Si no tengo ganas de buscar intimidad es porque la relación está terminada? Para nada... Todo en esta vida es de quien lo trabaja, ¿a poco no? ¿Quiere tener una relación íntima exitosa? Provóquela.

Voluntad y programación mental

¿Futbol y películas de suspenso o noticieros con trágicos reportajes antes de dormir? Un fracaso. Réntese una peliculita romántica o más atrevida, si no tiene prejuicios. Prenda unos inciensos, saque unas cremitas estimulantes...

El otro día me llegó un mensaje que decía: "Qué pena dan aquellos que piensan que la Nutella es sólo para untar el pan." ¡Aviéntese! Saque la artillería pesada para seducirlo y hágalo temprano. No espere a las doce de la noche, cuando el marido ya ronca. De por sí los agarra uno cansados, estresados y mayores. ¡No abuse! ¿Sabe qué funciona? Dedicar un día a la semana para tener intimidad cuando pasan las ganas de a toda hora, en cualquier lugar. Hay que buscar la proximidad, no permitirle a la frialdad instalarse en la casa.

Platíquelo con la pareja, suavecito. No le vaya a decir: "Mi vida, en esta casa se hace el amor los viernes a X hora estés o no estés." Suavecito y con dulzura, dialoguen y pónganse de acuerdo. No ose salir con la mantequilla de maní, la crema depiladora, la reductiva y estimulante y el marido piense que está tomando otro curso de estética, en vez de que se dé cuenta de que anda deseosa.

Hablando la gente se entiende, no se lo imponga ni pretenda obligarlo. Hágale creer que es una idea de los dos. No suya, la de tener un día a la semana para gozar en pareja. Hágalo sentir importante durante la plática. Hay que estar dispuesta si la intimidad es helada, a trabajarlo. Como si fuera una conquista. Olvídese de la firma, de que lo tiene seguro.

Es necesario tener una vida sexual plena. Disfrutar esa parte que por los hijos, el trabajo y la misma cotidianidad se va olvidando. Ya no lo lleve a comer mariscos para insinuar que usted quiere chaca chaca. ¿Quiere chocar los carritos? ¡Póngale gasolina a la relación! Los dos merecen gozarla.

Es viernes y toca

Comadres, ciérrenle la puerta a los carbohidratos si quieren aumentar el apetito sexual. Con los años de relación, solita desaparecen las ganas. Ahora imagínese si se pone a consumir alimentos que le espanten los pocos deseos que le quedan. ¿A dónde vamos a parar? Mientras menos relaciones íntimas sostenga con el marido, menos ganas le darán. Igualito que la voz para los cantantes, el sexo hay que educarlo, practicarlo. ¿Cómo? ¡Trabajándolo! Sobre todo, abriendo el apetito.

Seguro está pensando lo mismo que yo. Qué flojera: llegar muerta de trabajar, después lidiar con los hijos y la cocina... sólo quiere una tirarse como vaca a descansar en la cama.

¿Bañarme? Encremarme y aguantar que se me encaje la varilla del corsé por andar haciéndome la *sexy*. No, ¡qué pereza! Es viernes. Si hace mucho que no goza ¿por qué al menos no lo intenta? Funciona darse una ayudadita cuando las ganas no aparecen. Hay que crear la atmósfera. Vinito tinto. Excelente antioxidante y buen catalizador sexual. ¿A poco cree que es broma el chiste que dice que las mujeres nos parecemos a los zapatos? Aflojamos con alcohol.

Si su cuerpo le pide chocolates, preocúpese. Hace un mes que no baila el muñeco. El chocolate con leche es malísimo para la dieta y también para las ganas. En cambio, una tableta de cacao se puede convertir en un fabuloso aliado.

Provoca.

Los tabúes nos limitan. Y si el marido es machista, más. Mi mamá nunca me habló de *sex shops* y mucho menos de películas XXX. Me dijo que la mujer debe esperarse a que el hombre la busque. Cosa que hace mucho dejé de hacer porque hay que actualizarse.

Uno piensa que en las tiendas eróticas sólo va a encontrar productos que funcionan con pilas.

¿Ya sabe de qué le hablo? Pues para nada.

Claro que los ofertan y en una gran variedad. Pero también hay geles estimulantes, trajecitos de enfermeras, plumitas de ganso para inducir a la pareja a una relajación total con sensual cosquilleo incluido.

Dese una vuelta y verá qué contenta sale. Atrévase que es viernes y hoy toca. No siga posponiendo buscar intimidad con el marido porque la distancia se hace cada vez más grande y luego, como dice Arjona, los pingüinos viven en la cama.

Ponga de su parte y oblíguese si es necesario. No deje que el sexo se convierta en una de las metas de Año Nuevo. Ahora sí me voy a inscribir en el gym, este año dejaré de fumar y, claro, ya voy a tener intimidad con mi marido.

Hágalo ya. No espere a que sea de noche. Goce y disfrute. Sus compañeros de trabajo se lo van a agradecer. Sus hijos, los vecinos.

Todos notarán el cambio. El *sucutrún* le devolverá la sonrisa al rostro y las ganas de vivir. Un buen sexo no hay que presumirlo con las amigas, se nota. Manos a la obra.

Ajonjolí de todos los moles

Mi suegra me dio un consejo marital que no pienso llevármelo a la tumba. Se los voy a compartir. Cuando su pareja le diga: "Vamos", usted no lo piense dos veces. Agarre la bolsa, tantito labial y tome rumbo. Yo lo he seguido al pie de la letra y me ha funcionado.

No hay que matarles la ilusión de que a una le da gusto andar con el marido. Cuélguese del brazo como cuando eran novios. Es más, hágale piojito mientras van en el auto. Hágalo sentirse acompañado, como cuando comenzaron a tratarse. Todavía no tocaba el timbre y ya estaba usted en la calle, esperándolo entaconada. No como ahora, que con la mano en la cintura a todo le dice que no.

No, porque estoy cansada.

No, porque ando en fachas.

No, porque no traigo hechas las uñas.

Y así los vamos llenando de puras negativas. Luego nos enojamos cuando no nos invitan a salir. Pero cuando lo hacen nos damos el lujo de decirles que no.

No se trata de parecer la cadena del marido, que cual perrito andamos tras ellos. Pero marido solo peligra. Muchas creen que mandándolos a la calle con los hijos ya están más que custodiados.

No es justo responsabilizar a los hijos.

Tengo amigas que hasta interrogan a los pequeños y piden santo y seña de cómo se portó su papá. Óigame, esa no es chamba de los chamacos. No sea floja, comadre, trépese usted al auto y forme parte de la comitiva.

Muchos hombres comprometidos se la pasan en eventos sociales bien solos. No porque anden de cuzcos, son bien portados. Decentes, caballerosos, formales. Casados por todas las de la ley. Ya no saben ni cómo pedirle a su mujer que los acompañen. Con el pasar de los años ya hasta perdieron la costumbre. Luego son tan santos que se van de jarra con los amigos y ahí nos andan llamando: "Vente vieja, mando por ti, te espero con mi compadre, ven a tomarte unas cubas." Y no falta la que a gritos le dice: "¡N'hombre, no estoy para borrachos!"

Después nos enojamos si regresan al hogar oliendo a perfume barato. Ahí está el marido, quiere pasar tiempo con usted, pero ¡ah, cómo nos gusta hacernos las dignas! Tache amiga, hay que aprender a ser el ajonjolí de todos los moles.

Si nos invitan al futbol, vamos. Póngase la playera y hágale como que le entiende al juego. En lugar de traer cara larga en las reuniones de la oficina del marido, sonríale a todos y hágase la simpática con los compañeros de trabajo. Sea linda hasta con los cuates que usted sospecha se lo llevan a tomar los viernes.

Cambie la actitud. A todo dígale que sí. Ponga de su parte aunque esté agotada por la presión de la chamba, la casa y los hijos. No desaproveche las oportunidades de compartir con el marido. Si él la quiere presumir, qué mejor.

No se haga del rogar que ellos se cansan y después nos dejan botadas como moscas en la mesa del comedor. ¡Solas! Casa-dos, somos dos.

Aplíquelo en todas las áreas de su vida. Y ya no lo mande como dedo fuera de casa. Recuerde darse una *shineada* leve antes de salir.

Deje el tubo del cabello y el pañuelo de la cabeza en el tocador. Pero no tarde horas en arreglarse, ellos no entienden esa clase de retrasos.

No dé por sentado que su marido va a aguantar tanto desplante. Ellos también demandan atención y compañía. Regrese el "sí mi vida" a su vocabulario cotidiano y no le ponga peros cada vez que la invite.

¿Azul o amarilla pa' levantamiento de la moral?

En Cuba se puso de moda hace algunos años el PPG. Con el cuento de que limpia las arterias y baja los niveles de colesterol, los hombres se lo tomaban diario como si fuera vitamina C. Todo por su efecto vigorizante. Los maridos andaban imparables. Los cincuentones se sentían de veinte. Fue un período donde a pesar de las carencias, se veía a la gente bien sonriente. ¿Y cómo no? ¿Se imagina tener un hombre que pueda darle varias horas de placer? ¿Pero además tenerle controlado los niveles de colesterol?

El medicamento fue desarrollado a partir de la caña de azúcar. Limpia las arterias y acelera la irrigación sanguínea. O sea que de que levanta, levanta. Los tiempos han cambiado y hoy tenemos a la mano mejores pastillas con menos efectos secundarios. Ahora podemos elegir entre azul o amarilla, 24 o 48 horas de pura gozadera. Si se ha dado cuenta de que el marido ya no responde como cuando se casaron, o le da curiosidad saber cómo sería poner el cuerpo a sudar en exceso, anímese a dársela. Consúltelo con el médico. No vaya a ser que tenga problemas del corazón y, aunque es más fino enviudar que divorciarse, se despida el marido del mundo en pleno acto. Dios guarde la hora. Imagínese a la comadre chismosa divulgando en el velorio que por fogosa la huesuda se llevó al compadre. Eso no doña, infórmese primero y no lo haga nomás porque les metí el gusanito del licuado.

"¿Del licuado?", se preguntará usted. ¿Pues cómo le dará la pastilla sin que se dé cuenta? Lo divertido está en que quede entre el doctor y usted. En caso de que se ponga rejego y no acepte que necesita una ayudadita, lícuele la pastillita en un sabroso batido de plátano. Lo único que debe preguntarse es cuántas horas de servicio quiere. Uno o dos días. ¿Pastilla amarilla o azul? He ahí el dilema. No se permita tener una pobre o nula relación sexual sólo porque al marido le cayeron los años, eso tiene solución.

Ni falda corta, ni voz de niña fresa

Tache si pensamos que con falda corta los vamos a conquistar. Y que con una lagrimita los manipulamos fácilmente para que se haga nuestra voluntad. Recientemente, un estudio reveló lo que en realidad le atrae a los hombres de nosotras las mujeres. Así que abusada, comadre, no vaya a andarla regando o perdiendo buenas oportunidades de conquista por no leerme.

Vaya corriendo por un lápiz labial rojo. Eso los vuelve locos. Ojo, no le ponga encima brillo porque al hombre le da miedo mancharse. Opaco, sí. Una boca roja bien delineada que resalte unos labios carnosos, ellos mueren por besar.

Para continuar con el carmesí, olvídese del típico vestido negro de coctel que mata las pasiones y atrévase a estrenar un rojo encendido. Su marido no querrá soltarla de la mano en toda la velada.

Corra también al dentista. Una blanqueada o una limpieza dental siempre es necesaria. Ellos se sienten atraídos por sonrisas amplias que los hacen querer estar cerca de mujeres felices y realizadas. Ya con la dentadura brillante ríase de sus chistes y comentarios jocosos. Se sienten aceptados y populares cuando usted aprueba sus bromas. Si no le entiende a sus chistes, ni modo, ¿quiere engatusarlo? Ríase.

Otro detalle no menos importante es que a ellos les gusta que imitemos o adoptemos algunos de sus ademanes o hábitos. No vaya a dejar la tapa del baño arriba como ellos le hacen. Pero sí podría, por ejemplo, tomarse un digestivo o un tequila derecho como ellos acostumbran. Yo a mi marido siempre lo acompaño con un expresito después de cenar, aunque no pueda pelar el ojo toda la noche. A él le encanta haberme contagiado su adicción.

Levante los pies. Olvídese de arrastrar la chancla. Cheque cómo le hace Shakira. Los hombres opinan que las caderas no mienten. Es por ello que aman un buen contoneo al caminar. Párese frente al espejo o llámele a su mejor amiga y que le diga la neta. ¿Camina *sexy* o con flojera?

No se trata de poner un pie tras otro como el caminar de los gatos y lastimarse el tobillo en el intento. Sea sutil, pero contundente. Los hombres aman a las que pisan bonito, así que manos a la obra.

No se presione tanto con las dietas ni con comer pura lechuga. Su marido agradecerá tener carnita de dónde agarrar. Ellos nos prefieren sabrosas en lugar de flacuchas.

Otro detalle que les provoca es vernos con los brazos descubiertos. Yo juraría que aman vernos las piernas, pero no, es en las extremidades superiores donde fijan la mirada. Así que pídale al entrenador una rutina para brazos y hombros. Ya ve que el saludo corto corto, largo largo, de las *misses* de belleza funciona, pero sólo a distancia.

¿Se ha fijado que muchas agarramos edad, pero siguen insistiendo en hablar como niñas? Y peor aún, fresa. Si quiere conquistar a un hombre háblele con dulzura, pero con propiedad. Ellos buscan una mujer segura de sí misma. No sea ñoña, no se haga la menor, que ellos nos prefieren mujeres, no niñas.

Y por último, no más lágrimas frente a él. Se sienten manipulados y odian la tragedia. Llore en sus brazos de placer y felicidad, pero no por frustración o berrinche. Para drama, deje a las protagónicas de las telenovelas. Dese una checada a conciencia. Medite y corrija lo que está fallando.

Recíbalo como rey

Mi marido se fue una semana fuera de la ciudad y si algo puedo sugerirles en este manual es que no busquen pelea a la distancia. Prepárese para recibirlo como rey. Que reconozca que usted, es la mejor.

Ahora hay muchas formas de comunicarnos con el marido cuando se ausentan por trabajo. Bueno, o por la razón que sea, no puede una andarlos investigando. El *WhatsApp*, el mensaje de texto o hasta vía *mail*.

Yo me dediqué estos días a mandarle fotos por el celular. Comiendo, acostada, en la tina. Sí, comadre, no sea penosa. Nada que escandalice porque los celulares se pierden al menor descuido y quién sabe a dónde vayan a parar las fotos. Usted pudorosa, pero hágase presente.

Hágalo sentir importante. Que sepa que lo extraña. Sin manipulaciones ni reclamos. No lo atosigue al punto que el hombre cuando vea su número en el celular no quiera ni tomarle la llamada. No le dé quejas de nada. Ni del trabajo, ni de la casa, menos de los hijos.

Dígale que todo está divino, sólo háblele de cuánto lo extraña y lo ama. No se olvide de preguntarle cómo le va. Que se noten sus ganas de escucharlo. Sin insistencia. No lo atormente. Apréndase con astucia, en caso de que le dé detalles, los nombres de las personas con las que trabaja fuera de casa. Esto para que se note que le pone atención y no nada más le da el avión cuando él le platica sus aventuras laborales.

Si no le contesta la llamada a la primera o no lo encuentra en la habitación, no empiece con que algo raro está pasando. No se le ocurra hacerle un escándalo a larga distancia porque tiene todas las de perder. Usted, me refiero. Lo primero que hará su marido es pensar que ni siquiera lejos puede descansar de su mujer. Al primer berrinche suyo, él se sentará en la barra del hotel a contarle al cantinero lo celosa que es su esposa. No pasarán diez minutos y ya tendrá a su lado una mujer que lo quiera escuchar.

Y usted no quiere eso. ¿Verdad? Entonces, mejor entreténgase preparándole un buen recibimiento. Tenga la casa lista con flores. Vaya por él al aeropuerto con alegría. Ponga todo su entusiasmo en prepararle un menú con su comida favorita.

Así ando yo toda ilusionada esperando a mi esposo cada que sale. Y de lista le comparto el menú que le espera. Claro, antes lo sorprendía porque me esperaba al mero momento. Ahora le comparto los preparativos y créame que la sorpresa se convierte en más gozo. Está "anhelando llegar a mis amorcitos", al menos es lo que me dice.

No busque reñir cuando el marido está fuera de casa y de regreso, espérelo como rey.

Embrujos de amor

Cuando yo era niña y te gustaba un chavito del salón, si no te pelaba, recurrías a la magia de la miel. En Cuba, la religión Yoruba se hace presente hasta en la primaria.

Con los años aprendes que no hay mejor forma de atraer a un hombre que siendo tú misma. Pero tampoco puedo negarles que no me haya dado un baño de miel y flores para atraerlos como abeja al panal.

En tiempos de soltería, ni porque me promovía el Coque Muñíz a diario en la televisión nadie se me acercaba. No salía yo ni en rifa caray, ¡01-900 se busca un hombre, llame ya! Pareciera que los caballeros de fino olfato perciben la desesperación de una mujer que muere por encontrar a su media naranja. Evidentemente, este pequeño detalle los aleja en lugar de acercarlos. En este manual les comparto un par de conjuros infalibles para encontrar el amor. Si ya lo encontró, está en sus manos mantenerlo contento. Ahora, nunca está de más darle mantenimiento al enamoramiento echando mano de un plan b.

Agarre cinco girasoles y deshójelos delicadamente. Mezcle los pétalos con miel y colóquelos en una cubeta con agua. Cuando termine de bañarse, cierre la ducha y viértase en el cuerpo esa maravilla de menjurje. Asegúrese de que el embrujo de amor le bañe de la cabeza a los pies.

Tiene que administrar la cantidad que se echa encima porque va a repetir el numerito durante cinco días. Recoja los pétalos de la ducha y échelos a la basura. Séquese y vístase como de costumbre. Durante el ritual pida al universo el hombre de sus sueños, con fe y confianza. Alto, chaparro, canijo, de buen corazón. Sólo usted sabe lo que le conviene y lo que merece. Así que sin miedo pida, que Dios escucha.

Tengo otro ritual más caro, pero efectivo. No pienso llevármelo a la tumba. Compre una botella de champaña y como si se estuviera exfoliando la piel, agarre harina de maíz, color amarillo y con el vino espumoso y la harina embárrese todo el cuerpo. Dese gusto, no lo haga apurada que de por sí la champaña es cara. No compre de la seca, más bien, de la dulce. Le recomiendo aprovechar y tomarse una copita. Échese toda la champaña encima y, para rematar, llene la tina. Ponga a su alrededor unas veladoras amarillas y pida amor como en el ritual anterior.

Como ven, son embrujos fáciles de hacer. Yo nunca creí en ellos hasta que la necesidad me hizo correr a la vinatería y al mercado de flores. También me llevé a la boca un par de cucharaditas de miel para que de mí sólo salieran palabras suaves y dulces en una que otra cita a ciegas que me agendaron mis amigas.

Para llegar al altar primero hay que encontrar el amor. Si todavía no le llega su príncipe azul o ya lo tiene, pero quiere tenerlo enamorado, no deje de hacer estos rituales. Créame que funcionan.

No se espante si lo ve hojeando la revista del conejito

Estoy segura de que si usted encuentra a su marido con una revista para caballeros en la mano, no le va a gustar. Y usted, señor, si se atreve a hojearla, lo hace en la oficina o en un lugar fuera de casa. ¡Comadres, tenemos que modernizarnos! Hoy en día esas revistas traen muchísimo contenido de alto valor y no sólo aparecen mujeres desnudas.

Hay imágenes fuertes para nosotras, eso es cierto, pero también datos de interés para los hombres. Por lo tanto, también para nosotras. Recuerde que la información es poder. Estuve mirando la revista del conejito y otra más recatada. Llena de mujeres bellas, pero vestidas y gratamente me sorprendí al echarle un ojo. Vienen artículos sobre los restaurantes que están de moda, cuáles son los mejores chefs y destinos turísticos para una escapada, por ejemplo. ¿No le gustaría sorprender al marido reservando en el sitio de moda que viene en su revista favorita? Pensará que su mujer sí reconoce lo que es bueno. Recuerde que una cenita romántica siempre es bienvenida y romper con la rutina se agradece.

Para celebrar el aniversario, la Navidad o el cumpleaños, no sabemos qué regalarles. Pues las revistas para caballeros están llenas de sugerencias de compras para ellos. Relojes finos, zapatos, corbatas, bolsos o maletines para guardar la computadora. Si son ejecutivos o empresarios, estoy segura de que les encantará presumir el regalo de su mujer. Todos sus amigos que compran *Playboy* cada mes morirán de envidia.

Temas como el punto G y cómo aumentar la libido, dónde sentimos más placer las mujeres, también vienen muy bien detallados. Déjelo que se cultive, la beneficiada será usted.

De nada sirve enojarnos. Sentirnos engañadas sólo porque el marido ande alegrándose la pupila. A todos nos gusta ver lo bonito. ¿A poco no? Hay que saber apreciar la belleza y no sentirnos menos porque las chicas de la revista midan 90-60-90 y dejen muy poco a la imaginación.

Permita que ellos se informen y se relajen con ese tipo de lectura, que al final del día regresarán a casa a poner en práctica todo lo leído.

Tome precauciones si tiene niños chicos en casa, no vaya a ser que al rato se tropiecen ellos con las revistas que suben la temperatura.

Pero fuera de eso, platíquelo con su marido. No tiene nada de malo que cada mes le lleguen a casa sus revistas favoritas. Es más, inscríbalo como regalo. Deje de pensar que sólo los hombres de mente cochina compran la revista del conejito. Ya es momento de abrir la mente, insisto déjelo que se cultive.

Afrodisiacos para nosotras

Siete de cada diez hombres aseguran que saben cómo tener contenta a su pareja en la intimidad. Pero resulta que sólo cuatro de cada diez mujeres se sienten satisfechas en el lecho matrimonial.

Este resultado me dice que uno de los dos géneros miente. ¿O será que algunos hombres traen la autoestima por las nubes? Sí, porque ya ve cómo luego ellos piensan que son un tigre en la cama, mientras que, como dice Paquita la del Barrio: "Resultó ser un gatito."

Pero tranquilos, para eso está el *Manual de la buena esposa*, para ayudarlos a gozar de un buen matrimonio. Voy a mencionarles algunos de los afrodisiacos que estimulan a la mujer. ¡Ah, sí!, porque para preparar caldito de camarón y almejas con limón somos rebuenas. Pero este día no se trata de los hombres, sino de nosotras.

Checando la lista de lo que nos estimula en la intimidad, ya vi que salimos más baratas que los caballeros. El marisco es más laborioso y caro que el alcohol. Servir una copita no lleva tanto esmero. No es que aflojemos con el alcohol, como lo hacen los zapatos. Es que el preciado líquido destilado funciona como un desinhibidor. Sí, señores, el vino blanco o la champaña en pequeñas cantidades nos ponen gozosas. Esa es la verdad.

No se lo vayan a tomar ustedes, porque ya los conozco. Les gusta empinar el codo y al rato se ponen hasta atrás. Nosotras, bien prendidas y ustedes en el quinto sueño. Se trata de prendernos, no de apagarnos.

Ahí les va otro licorcito motivador para las féminas: el anís. Ya en el antiguo Egipto y la Grecia clásica lo ocupaban por su efecto curativo y afrodisiaco. Es más, hasta da buen aliento. Así que olvídense de la pastilla o el chicle, comadres. Así sea en ayunas, éntrele que le dejará buen sabor de boca.

Por último, les recomiendo el chocolate. Pa' que me crean sobre su poder afrodisiaco, a la diosa azteca Xochiquetzal, la diosa de la belleza, el amor y la fertilidad, se le brindaba el *xocolatl* a modo de ofrenda. Dicen que era buena para el placer amoroso. Ahí estaban a sus pies las mujeres pidiéndole por una buena intimidad en el matrimonio, entre otros favorcitos.

Mire si el chocolate es efectivo que los monjes franceses lo prohibieron en los conventos porque las novicias se ponían bien locas con el cacao. El rey de Francia, Luis XIV, se lo llevó a la Corte y entonces repartían el chocolatito caliente después de cada cena. No hombre, las francesas bailaban como latinas de lo motivadas que se sentían con el afrodisiaco azteca.

Revirtamos la estadística. Después del vino blanco, el anís y el chocolate, que le va a dar esta noche a su mujer, le aseguro que habrá más mujeres satisfechas.

Tampoco le deje todo a la... ayudadita. Haga la tarea con ganas.

Lo que las posiciones íntimas dicen de tu personalidad

En este manual se vale hablar de sexo, así que preste mucha atención porque vamos a mencionar algunas posiciones íntimas. Y digo algunas porque no crea que vamos a hojear el Kamasutra, pero sí mostraremos las que más dicen de nuestra personalidad.

Las parejas que más tiempo llevan juntas optan por la posición del misionero. ¿Por qué? Pues porque la prefieren las mujeres cansadas y muy ocupadas. Es obvio que no están buscando ni alocarse ni experimentar nada nuevo en la cama. Si es su caso, cámbiele tantito, por favor, nunca es tarde para ponerse arriba.

Mujer arriba es la posición que optan las que más seguras están de su cuerpo. Eso y luego a mover la cintura. El hombre sabe que una quiere tener el control y se deja llevar. Usted marcará el ritmo y la profundidad si está arriba. Mujer dominante.

En febrero, mes del amor, la posición más socorrida es la de cucharita. Es la más romántica de todas y habla de una mujer que está conectada a su hombre y que le entrega su corazón. ¡Hasta me dieron ganas de suspirar! Aplíquela, mujer enamorada.

También está la de perrito. Ésa se oye salvajona. Y sí, cuando ellos quieren lucirse y una quiere sacar el lado de niña malportada, echamos mano de la pose del can. Ahí es donde el marido tiene que estar bien comido porque una como quiera, pero ellos son los que hacen el esfuerzo. Mujer sumisa.

La vaquera. Esa es la posición favorita de las que tienen buena pompa. Y sí, porque no cualquiera se atreve a mostrar la retaguardia si no tiene con qué competir. El hombre se deja seducir y una se explaya. Esta pose habla de una mujer con un lado salvaje desarrollado y atrevido.

Lo importante, mujeres, es variarle en la intimidad, ¿no le parece? Todas tendremos una posición favorita, pero recuerde que si la plática aburre, el sexo, si no lo renovamos, más. Eso de saber cómo empieza y termina la acción cada vez que nos metemos a la cama, no tiene chiste. Atrévase a experimentar. ¿Qué nos decían las abuelitas? "Dama en la calle, pero una bandida en la cama."

Recuerde que con los años la confianza nos aleja de la intimidad. Explore y regálese placer.

Disfrute sin limitarse en nada, vaya y tenga sexo con el marido. Otro día, con más calma, hagan el amor. Verá cómo hasta llega a trabajar de buenas. Cámbiele el semblante y sorpréndalo aplicándole una nueva posición.

No hay nada más rico que ser todas esas mujeres. Usted puede ser todas o cada una. La sumisa, la segura, la salvaje, la enamorada. Ponga en práctica esta misma noche estas conocidas posiciones sexuales. Él saldrá contento y usted, ¡mucho más!

No revele sus secretos

Qué bonito es cuando recién se conoce uno y guardamos las formas. Hablamos pausado y hasta nos volvemos discretos para agradar. En cambio, firmando papelito, agarramos unas confianzas, oiga, que no vea. Es lo más común en el matrimonio: regarla por exceso de seguridad.

Yo, hasta ya ando tropezándome. Sí, yo también he pecado de sentirme la muy, muy y eso no está bien, lo reconozco.

Qué necesidad tiene el marido de enterarse después de sacarnos vestidas de blanco y llevarnos al altar, que esto que parecía natural, gracia divina, regalo de los doce apóstoles no es original.

Señora, ya no le revele al marido sus secretos de belleza. Usted no lo haga, no cometa el mismo error que yo cometí.

Un día, cuando acababa de estrenar un programa cuya preparación previa me traía nerviosa y estresada, llegué muerta a la casa y, entrando por la puerta, comencé a desarmarme. Sí, señor. Como maniquí: me quité las pestañas postizas, me seguí con los tacones, luego la faja, ya no aguantaba y que me quito las cortinas de cabello y rematé con el *push up*. Ese *brassiere* maravilloso que levanta y aumenta el volumen. ¡Es mágico, en un segundo te convierte en copa B aunque seas -A!

No crea que porque duerme todas las noches con su marido y trae a la vista el anillo de casados, le aguanta usted los ronquidos y se conocen desde el pelo hasta la punta de los pies, ese hombre es suyo. No, al marido, comadre, hay que traerlo enamorado todos los días. Hay que conquistarlo y tratarlo como cuando eran novios.

No abuse porque el hombre por naturaleza es despistado. Es cierto que si nos cambiamos el color del cabello o bajamos dos kilos –que mire lo que cuesta bajar un gramo después de los 30– ellos ni cuenta se dan. Pero no se exceda.

Prudencia, juicio. Mi recomendación, si usted es como yo, un hechizo de mujer. Antes muerta que el marido se entere de que andamos truqueadas. Aguante el dolor del juanete, pero no se baje del décimo piso hasta que llegue a la recámara. Vea borroso por culpa de la pestaña postiza hasta que el marido apague la lamparita de noche, pero no se me desarme, por Dios. Esté siempre linda para su pareja sin revelar nuestros secretos de belleza.

Apodos en la intimidad

Todos los matrimonios se buscan un apodo cariñoso para referirse a su pareja. Yo les recomiendo creatividad y que por favor ya no les digan gordo ni osito, en público. Ya no sabe una cuando oye el "gordita" de la mesa de al lado, si se refieren a nosotras.

Tal parece que les pusimos así pa' no equivocarnos, oiga. Ni que fuéramos la casa chica. Dígale como quiera, pero sólo en la intimidad. Mire, hay los que se sienten muy anglos, entonces se dicen "honey" o "baby". Están los que tras varios años de convivencia les da flojera pronunciar todo el alias, entonces lo acortan. Originalmente se decían "pulga", pues ahora son "pul". Tengo unos amigos que se hacían llamar "papi" y "mami", ahora sólo se dicen "ma" y "pa".

Lo cierto es que las parejas que tienen apodos son las que más estrecha relación llevan. Así que si usted todavía no le encuentra el adecuado a su hombre, váyale pensando.

Están los animaleros. Sí, los que se dicen "tigre", "leoncita", "ga-tita" (estarán de acuerdo con que se oye mejor que "elefanta" o "pe-rro"). Luego los que andan de antojo. Sí, esos que nada más de oírlos nos dan hambre: "galletita", "azuquitar", "bombón", "bizcochito". A mí nunca me llamaron la atención. Nada más de pensar en la cantidad de calorías, me va a dar diabetes. Hay parejas que optan por decirle como la parte del cuerpo más linda de su media naranja: "ojitos", "cachetitos", "ricitos", por mencionar algunas.

Para cerrar, se me vienen a la mente los que tienen delirio de grandeza. Ah, sí, ellos se sienten de la realeza con sangre azul. Por eso se hacen llamar "princesa", "rey", "reina" y "reinis", que también aplica.

"Mi vida", "mi cielo", "mi amor" son los más efectivos, pero también los más comunes. Si ustedes se preguntan cómo le digo a mi marido, nosotros somos los "chichos".

Yo soy la "chicha" y Alejandro "chicho", la pobre de Rafaella es la "chichita". A ustedes se los comparto porque no les guardo secretos, pero sólo nos decimos así cuando estamos con amigos de mucha confianza o en la casa.

Dígale como quiera a su pareja. Hay de dónde escoger. Pero, por favor, recuerde: apodos, sólo en la intimidad.

Bésalo mucho

Gran parte de nuestra felicidad depende de la cantidad de besos que demos.

¿Qué es lo que más hacen los novios? Además de vivir en una nube rosa, besarse. Váyase a un parque y cheque cómo se comen a besos las parejitas. Acérquese y pregunte si son novios o casados y le aseguro que cien por ciento le va a contestar que apenas están iniciando romance.

¿Ha notado cómo con el paso del tiempo en una relación estable, crecen las diferencias y disminuyen los besos apasionados? ¿Sabía que besarse estimula la producción de endorfinas? Por eso después de un rico beso experimentamos una sensación placentera en todo el cuerpo que actúa como antídoto para la depresión, la angustia, el desánimo, la tristeza o la aflicción.

Si usted no está contenta o contento, seguro es porque no besa mucho. Es más, el beso es tan bueno para la salud, no sólo mental, también física, que estimula la secreción de distintas hormonas que funcionan como analgésicos y fortalecen las defensas inmunológicas del organismo. Olvídese de gripas, infecciones estomacales y bese, así no le entra nada raro, absolutamente nada que esté en el ambiente porque digamos que usted tiene una especie de vacuna, gracias a los besos.

Cerca de 30 músculos se utilizan a la hora de besar. ¿Quiere verse joven?, ya no le invierta tanto a la crema cara, mejor bese a su marido.

La práctica del beso disminuye la formación de arrugas en la piel, además de mejorarla sensiblemente y estimular su regeneración.

Ahí les va, no sólo se van a mantener con una piel nítida, también con un cuerpo divino porque un beso de tres minutos implica la quema de, al menos, doce calorías; sin duda, está más divertido besar al marido que ir al gimnasio, digo yo.

Así que si usted es de las esposas que ya no le veía al marido mucho potencial, recapacite. Vea cuántos beneficios tiene el simple hecho de besarlo.

Ahora, si está soltera, viuda o la pareja está fuera de casa por unos días, no hay necesidad de salir a la calle desesperadamente a buscar a quien besar. Para eso también existe el chocolate oscuro. Sí, comer chocolate brinda un inmenso placer. No pone a trabajar 35 músculos como un beso, pero sí nos deja esa sensación de felicidad a la que todos somos adictos. Pero de un beso, a un chocolate, mil veces un beso, ¿no le parece? Sobre todo si está a dieta.

Más allá de los beneficios de un beso, busque la intimidad con su pareja. Es muy fácil caer en la rutina y empezar a olvidar lo que es un beso apasionado. Nos limitamos al besito de piquito, ya sea por las prisas o por falta de interés. Pero provoque y busque el momento. Traiga de regreso a la relación el hábito de besarse.

Busque darle un beso inesperado, un besito con pequeñas morditas suaves, tal vez. Un beso que incluya agarre de piernita, pompa o la parte que más le guste de su marido.

Explórelo y béselo como si fuera la primera vez. No importa cuánto tiempo haya pasado desde el último beso, nunca es tarde. No le recomiendo un beso a la fuerza, porque va a parecer que la picó un mosco y agarró el zika o chikungunya. No se desespere. Cree el momento pero no deje que sigan pasando los días sin conectar con el marido.

Un beso involucra los tres sentidos. El gusto, el tacto y el olfato. Si con sólo activar uno de estos sentidos ya se siente maravilloso, imagínese al poner en acción tres sentidos. Nos podemos transportar al cielo sólo con un beso potente, que tenga toda la intención de pasar de que se nos aflojen las piernitas a la excitación total.

Manos a la obra. Ya sea para quemar calorías, para mantenerse joven o para sentir rico, usted elija lo que más la motiva, pero béselo, béselo y vuélvalo a besar. Béselo mucho.

Bienestar

Si sobrevivimos al fin del mundo, ¿cómo no al matrimonio?

Ahora nos sentimos más presionados porque vivimos más de 70 años. Antes, el promedio de vida era de 35. Así que cuando se pronunció el primer "hasta que la muerte nos separe", era mucho más sencillo. Justo cuando llegaba la crisis de pareja, se nos moría el marido a los diez años de compartir el lecho. A llorar, pero ostentando el distinguido título de viuda alegre.

Eso fue hace mucho, ahora, con eso de que los metrosexuales están de moda, difícilmente cobramos la herencia. Nuestros maridos se van al gimnasio, comen sano y se vitaminan, y a causa de todo eso nos duran para siempre, gracias a Dios.

En cambio, nosotras ya no vivimos para ellos, no los esperamos con el plato de sopa caliente ni la mesa servida. *Maruchan* en el microondas es lo de hoy. Pobres hombres, ¡qué dura época les está tocando! Sin ganas de hacerlos víctimas, creo que es momento de volver a apapacharlos.

Antes éramos sumisas, complacientes, paño de lágrimas y hasta en la intimidad nos dejábamos llevar, pero desde que "el que paga manda" se inventó y andamos facturando, ellos ya no ven lo duro sino lo tupido.

Vamos a ponernos por un momento en su lugar. Los estamos haciendo a un lado. ¿No le parece que han cambiado nuestras prioridades? Somos capaces de irnos de compras toda la tarde, en lugar de querer romancear con la pareja o tomarlo de la mano en una caminata cualquiera. Los estamos dejando solos.

¿No cree que el marido se siente abandonado? Dicen que no hay mayor afrodisiaco que nuestro hombre se sienta amado. Así que si quiere llegar a celebrar las bodas de plata, échele ganitas y revalore su forma de actuar.

Yo siempre he pensado que si vamos a dormir con la misma persona durante todas las noches, por qué en lugar de hacer crecer nuestras diferencias e irnos a dormir odiando al cónyuge, no hacemos lo que sea necesario para seguir admirando a nuestra pareja como el primer día.

Le digo que ahora viven mucho, así que ni se haga ilusiones. No se va a librar de él pronto. Ponga de su parte y será correspondida. Hágalo sentir importante, háblele bonito y hágale piojito. De vez en cuando déjele en el espejo del baño un mensaje lleno de amor, hágale una fiesta sorpresa para celebrar su romance.

Esos son los detalles que hacen la diferencia. Tener éxito e independencia como mujer es lo máximo, pero estamos hechos para vivir en pareja. No viva con un mueble ni haga que su relación se vuelva monótona y aburrida.

Siempre andamos presumiendo que somos nosotras las cabezas de familia. Pues no sólo nos preocupemos por nuestros hijos, la unión y el patrimonio familiar. Piense también en usted y lo enamorada que le firmó a su marido. Piense en su hombre.

¿Quiere llegar bien y de buenas a su trabajo? Haga que su relación viva en una eterna luna de miel, al menos por temporadas. Ésta es buena, aprovéchela. Seguro tendrán unos días libres en algún momento, buena ocasión para recuperar el tiempo y el espacio perdido.

No les echemos a ellos la culpa del distanciamiento y la frialdad en la cama. Procúrelo y hágalo sentir especial. Como arte de magia verá que se calienta la casa. A menos que él piense que le cambiaron de esposa como el famoso programa de TV en Estados Unidos, todavía tiene chance.

Aunque crea que está todo perdido, no tire la toalla. Si sobrevivimos al fin del mundo por qué no al matrimonio. Lo que requiera, lo que demande y lo que sea necesario hasta que la muerte los separe. Según las estadísticas, habrá que echarle ganas porque esto, gracias a Dios, va para largo.

Mujer más que nunca

Con gran alegría celebro cada 8 de marzo el Día Internacional de la Mujer. Apenas hace poco más de 50 años tenemos en México el derecho a votar. La oportunidad de ocupar cargos públicos. Ahí andamos de diputadas, senadoras, líderes sindicales. Durante años fuimos preparadas sólo para ser madres y esposas. A veces hasta nuestros padres nos elegían cónyuge sin importar si nos simpatizaba o no el hombre en cuestión.

Hoy decidimos absolutamente todo, tenemos ese derecho. Andan los hombres preocupadones por las que nos volamos la barda. Pero son los menos. El hombre inteligente valora el desarrollo de la mujer actual en lugar de vernos como competencia. Reconocen que podemos ser profesionistas, exitosas en nuestro trabajo y al mismo tiempo no descuidar a los hijos, el hogar ni al marido. Se sienten afortunados.

Estamos en la era de las *superwoman*. Y a mí me emociona mucho ser parte de esta revolución. Pertenecer a este grupo de mujeres del milenio, que nos damos tiempo para todo. Es un orgullo.

Que hoy una dama pueda percibir un sueldo mayor al de un caballero es toda una realidad. Que no se haga distinción por género. Que se valore y remunere el trabajo, el talento. Sin discriminarnos.

Aunque algunos insistan en que detrás de un hombre hay una gran mujer, el terreno ganado no nos los quita nadie. Es más, todavía podemos presumir una que otra ventaja de género y no me refiero a dar la vida y al sexto sentido que tanto nos gusta presumir.

Prefiero no aplaudir ese tipo de diferencias porque entonces parece una guerra de sexos. Queríamos igualdad y ser tomadas en cuenta. No una rivalidad.

Durante años nadie nos escuchó. Pero no por ello hay que cobrarnos el pasado ni llamar a la revancha.

Prefiero hablar de cómo le sacamos ventaja en la vestimenta. Nosotras podemos usar falda o pantalón y nadie nos cuestiona nuestras preferencias sexuales. O las lágrimas de cocodrilo. Nos enojamos por ser llamadas "el sexo débil" y cuando el marido o jefe no cede, lloramos de volada para salirnos con la nuestra. Hasta buenas salimos para la actuación. Esas banales diferencias hasta hacen más atractiva la convivencia. Esas son a las que vale la pena aferrarse.

Ganar dinero y ser independiente está bien. Me considero una mujer autosuficiente desde muy jovencita. Pero traer dinero en la bolsa no me da derecho a convertirme en un patán de esos que todas repudiamos. Partiendo del entendido: "No hagas lo que no te gusta que te hagan", cada quien sabe cómo comportarse para estar a la altura de la palabra dama.

Si es de las *superwoman* que se divide entre mil para cumplir con todo. Si está casada, comadre, no deje al último de la fila al marido. No lo descuide ni ponga como prioridad el éxito de su carrera profesional.

Se lo digo por experiencia. Después de varios fracasos del corazón, hoy no me doy el lujo de cargar la balanza hacia el lado del aplauso y el reconocimiento.

Porque si queremos tener un matrimonio exitoso es necesario hacer sentir amado al marido, cuidado y también respetado. Para lograr una estabilidad emocional y llamarnos exitosas en todas las áreas de nuestra vida hay que lograr el equilibrio.

Todos contentos, a seguir el *Manual de la buena esposa*. No olvide que somos como las chicas súper poderosas. De que podemos, podemos. Es cuestión de organizarnos.

A celebrar esta gran bendición de ser mujeres. Felicidades féminas, no sólo cada 8 de marzo, sino siempre.

Estrenando figura, pero sin hablarle al marido

Comadre, mucho cuidado con el bisturí. Con eso de que la vida es una comparsa, se pone de moda tener los labios voluptuosos y ahí vamos todas a inyectarnos bótox. No se vaya a amolar el rostro. Mire que después no tiene remedio.

Hace una semana una amiga se puso pompas y me las andaba presumiendo. Lo peor es que lo dijo quedito para que su marido no se enterara. ¿Pensará que el hombre es ciego, o qué? Está bien que son despistados por naturaleza, pero no hay que exagerar.

Esto es serio y compulsivo. Ocupamos ya el quinto lugar de países en el mundo donde más cirugías se realizan. Unas 300 mil al año se facturan en México. ¡Jesús, cómo nos gusta la *shineada*!

Al rato ni nos parecemos a la foto de la boda. Está bien mantenernos en forma, cuidarnos la piel, la figura pero, ¿querer parecernos a cualquiera menos a nosotros mismos? Habla de muy poca aceptación, baja autoestima y mucho que trabajar en nuestra persona interiormente. Imposible detener el paso del tiempo.

Cheque las rodillas y los codos de Pamela Anderson. ¿No le parece que le delatan los años? ¡Y mire que está en forma! No se vaya con la finta, comadre. Los años son implacables. Hay que aprender a cumplirlos con dignidad. Trabaje en ser una mujer segura, completa, feliz. No por tener nuevas bubis o pompis tendrá al marido seguro en un matrimonio estable. ¡No se engañe!

"Ahora que me haga la lipectomía y me reconstruya el busto después de amamantar, a mi marido le regresarán las ganas de tener intimidad." Es lo que muchas amigas confiesan en el café.

¿Ya se imaginó estrenando figura? Divina, se mira al espejo y hasta le dan ganas de aplaudirse. Ni a los quince tuvo esa cintura. Ni a los veinte la carne tan pegadita al hueso.

Ahora pregúntese de qué le sirve presumir la figura de Ninel Conde o la de Sofía Vergara, si no logra una buena comunicación con el marido. Si la relación es nula porque usted lo mira con odio y él prefiere ignorarla. Trae un humor de miedo y siente que algo le falta. Insatisfecha, poco deseada, con cero apetito sexual. Incomprendida, frustrada pero eso sí, con cuerpo de portada de revista. Inmaculada por la abstinencia que ya se ha vuelto su amiga y confidente.

Es momento de mirar nuestro interior. Hacer un alto. Haga trueque de doctor. Cambie al plástico por el especialista en psiquis. Sí, comadre. O métase a cualquier curso de superación personal. No siga presumiéndole a las amigas que es talla 4 cuando su matrimonio es un desastre.

Ponga atención. ¿O para quién se sometió a la dolorosa cirugía? ¿Para usted, para el marido o para las amigas? Mucho cuidado con las motivaciones.

Vamos, échele ganas a la vida, la familia, a su matrimonio. No digo que una manita de gato está mal, para nada. Lo que digo es que no es la solución. No es el remedio para atraer al hombre. De nada le sirve estrenar figura pero con una convivencia nula con el marido.

Ni panzones ni pelones

¿Pregúntele al marido cuál es su mayor miedo? Se sorprenderá no escuchar que le preocupe en un futuro padecer algún tipo de disfunción eréctil. Para nada les quita el sueño no respondernos.

Ellos son más vanidosos que cumplidores. ¿Cómo ve que les preocupa más quedarse sin cabello? Con razón tanto anuncio de clínicas que injertan cabello. Yo juraba que ese negocio daría pérdidas. Y resulta que hay que hacer cita con anticipación porque los caballeros andan haciendo larga fila.

Ellos quieren verse jóvenes con frondosa y sana cabellera. Pero no sólo eso, también les preocupa verse panzones. Así que, comadre, bájele a las tortillas y al refresco de la dieta diaria. Ya sabe que hay que incluirles frutas y verduras, que eso no falla. Pero, sobre todo, dosis de amor y palabras dulces y aduladoras para inflarles el ego y tenerlos contentos.

No se le ocurra llamarlo panzón ni pelón. Es el trauma que está de moda. Usted susúrrele pura miel al oído. Si hay presupuesto en casa y el hombre quiere ponerse cabello. ¡Apóyelo! Échele porras y, si es preciso, acompáñelo. Hay que ser parejos. ¿Queremos liposucción, bubis y rinoplastia para nosotras? Bueno, pues para ellos lipo, dieta, ejercicio e injerto de cabello.

No hay que criticarlos, de verdad le sufren cuando comienzan a aparecer las entradas y el estadio se queda medio vacío. Ellos sienten que pierden virilidad. Se vale que quieran lucir guapos para nosotras.

Motívelo si lo considera apropiado. Deje atrás los complejos que ellos también se merecen su manita de gato como nosotras. Acompáñelo a la clínica y siéntase feliz de estar al lado de un hombre que le importa verse bien. Déjelo que se vea divino, quien va a presumirlo es usted. Ellos, según los encuesto, no desean verse ni panzones ni pelones. Vamos a apoyarlos.

Vida sana, matrimonio alegre

En la actualidad la esperanza de vida nos permite tener un matrimonio duradero, si Dios nos ayuda. El chiste no es morirnos juntos ni tampoco irnos primero. El tema está en llegar, pero llegar bien.

Aquí les va una invitación para que motiven al marido y juntos, aprovechando, se inscriban en el gimnasio. Compren un buen paquete de hidratación profunda para el rostro en el spa.

Les recomiendo visita en pareja al nutriólogo o al bariatra. Una dieta balanceada a tiempo siempre da buenos resultados. ¿Cómo les caería una visita al médico general? ¿Un estudio para ver cómo andan los niveles de colesterol? El dentista nos da ñáñaras, pero nada como sonreír con confianza. ¿Se quedó chimuelo el marido y usted lo anda paseando o ya le enseñó a taparse la boca cuando ríe? No sea dejada.

Cualquier momento del año es bueno para proponerse metas en común. ¿Ir al mercado juntos para echar al carrito puras frutas y verduras? ¡Ah, qué romántico! En serio, hágale como yo le hice: retiré los carbohidratos de mi dieta y lo traigo también a él comiendo lechuga. Bueno, hasta nos contamos los vasos de agua al día. Tiene su chiste competir sanamente. Hagan equipo y no lo deje fuera de sus nuevas metas.

Mientras más los cuidemos, mejor vejez nos toca. A darle vitaminas, pero sobre todo, dele mucho amor.

Procure una vida sana para usted y el marido.

Destinada a ser feliz

Promueve lo que te encanta, en lugar de atacar lo que no te gusta. Es un ejercicio sencillo y rápido de hacer. Sobre todo de resultados inmediatos. No lo apliques sólo al marido, también a la vida.

¿Andas quejándote por todos lados? Lo único que lograrás es atraer más penurias a tu vida. Mismas que no mereces. Seas quien seas, hayas cometido mil errores, estás destinada a ser feliz, no a carecer. Vivir plena y sonreír es fácil, depende de ti. Olvídate de cacarear los defectos de la gente, quejarte del tráfico, la situación económica, hablar mal de tu marido, de tu vida.

Cambia el *switch* comadre. Desde ya, comienza a pensar cuántas bendiciones tienes. Si te cuesta trabajo, consigue papel y lápiz y anota. Sí, apunta. Parece de primaria, pero créame que funciona. Tengo salud, amor, familia, amigos que me quieren. Hijos que me hacen sentir el corazón lleno… Esas son las cosas que nos hacen pensar cuán afortunados somos. No permita que se le caiga el marido. Mírelo una vez más y pregúntese si es tan malo como últimamente usted lo pinta.

Recuerde que todo es percepción, nada es realidad. Así como se metió en su cabeza que la relación es aburrida, piense cuánto soñó con tener una estabilidad emocional. Mírelo sin nada que reclamar. Porque, ah, cómo nos gusta el reclamo. Acérquese sin ganas de reprocharle algo y emociónese al darle la mano y de tener con quién compartir su vida.

Una y otra vez piense sólo en las cosas bonitas de su relación, de su familia y verá cómo volverá a mirarlo con ojos de amor, si es que hace un tiempo ya la relación se volvió monótona.

Si el marido es bueno para cambiar focos o pasear al perro, dígaselo. Si la jardinería es lo suyo, apláudaselo. Quizá sea bueno para ponerle un cuadro en la pared o en plomería. A lo mejor tiene buen carácter y sólo no sabe sonreír, entonces esas fortalezas de su personalidad hay que hacerlas notar. Eso estimula a que las siga haciendo y con más amor y esmero.

Cuánto nos quejamos nosotras de que nadie en casa nos da las gracias ni nos aplaude porque estamos al pendiente de todos. ¿Cómo nos hacen sentir? Que no nos aprecian, ¿verdad? Entonces hágalo sentir bien, métaselo a la bolsa. No se trata de adular, sólo de resaltar lo que hace bien, o lo que sea que haga que usted aprecie.

Defectos tenemos todos, ya no lo apunte con el dedo. No lo va a cambiar. Así lo conoció, así es. No se martirice ni pierda energía queriendo que sea otra persona.

La invito a que sólo se enfoque y promueva las virtudes de su marido, que estoy segura, son muchas.

Hágalo y verá cómo está destinada a ser feliz.

Inhale y exhale

Respiraciones profundas y largas, la clave para un buen matrimonio. Les encarga uno cualquier cosa y ya ve que se les olvida. No le reclame, no le grite, inhale y exhale. No hay más.

Para qué pierde energía agarrándole odio. Recuerde que es su media naranja, no un desconocido. Usted se marchita por dentro y el marido ni en cuenta. La tachará de liosa y no le quedará de otra más que sentarse frente a la tele a ver el futbol a ver si se distrae un poco.

Esto es matemática pura. Le propongo cambiar la exhalación de rabia por profundas bocanadas de aire. Es mágico, créame. Se oxigena el cerebro y desaparece desde la ira hasta el enojo. ¡Ah, porque qué buenas somos para generar sentimientos de frustración en menos de un minuto! Se ha fijado en lo efectivas que somos para darnos cuerda.

Si el marido no llega, inhale y exhale. Si no le responde, lo mismo. Repita la acción si lo cacha bebiendo de la jarra de agua de jamaica en lugar de servirse en un vaso. No se canse, vuelva a tomar aire si se le olvidó llegar a la cita que tenían juntos. Que se le pasó pedir el gas, inhale. Ya verá cómo le cambia el panorama.

En sus manos está andar zen o pasar corajes todo el día. Aplique esta efectiva técnica y, mejor aún, compártasela al marido. Sí, comadre, nosotras tampoco somos unas peritas en dulce. Ya ve que luego parecemos madres demandantes en lugar de esposas cariñosas.

Cuando nos dé por pelear porque ya se salió el perro, es momento de que el marido se aviente una profunda respiración. Recomiéndele que siga respirando cada 28 días cuando nos alteran las hormonas. Ya ni les platico de las que tenemos el ciclo más corto y el tema es cada 24 o 26 días. ¡Pobres maridos!

El chiste es vivir en pareja, no con el enemigo. Si no aprendemos a tolerarnos y a repetirnos a nosotros mismos que cada quien desde su género y lugar hace lo mejor que puede, estamos fritos.

Óigame bien, anule cualquier pensamiento que la haga sentir que su marido hace las cosas para molestarla. Es decir, a propósito.

Seguramente él estará poniendo todo lo mejor de su parte para hacerla feliz, aunque muchas veces usted no lo reciba de la misma manera.

En momentos de estrés y de inconformidad ya no pelee, mejor aplique el de los secretos: inhale y exhale.

Nuestra única obligación
es ser felices

Estuve platicando con una amiga que lleva más de 50 años de casada. Como es mi anhelo cumplir todos los años que la vida me regale al lado de mi marido, no perdí tiempo en interrogarla. "¿Comunicación? ¿Paciencia?", le pregunté. "¿Cuál es el secreto para tener un matrimonio de tantos años?" Cuando la vi titubear para contestarme y abrió el baúl de los secretos, entendí que la vida te sorprende todos los días y la solución para ser felices es moverse rápido de lugar, adaptarse a nuevos cambios y tener muy presente que nunca es tarde para aprender algo nuevo.

Siempre se habla de la crisis de los siete años, de la crisis de los cinco, de los diez. Después de 50 años de compartir la misma cama, ¿cuántas crisis serán suficientes librar para seguir en matrimonio? Todas las que se puedan imaginar y más.

Nos casamos con la ilusión de vivir nuestro romance las 24 horas del día, no tener que separarnos nunca. Después pensamos en formar una familia, les damos prioridad a los hijos. Nos esforzarnos para darles la mejor educación y construirles la casa de nuestros sueños. Pagamos años de hipoteca para después vender y cambiarnos a un departamento chico, donde comenzamos de recién casados. La casa nos queda grande cuando los hijos se van a formar sus propias familias. Después contamos los días para que vengan a visitarnos y nos traigan a los nietos. El tema es que cuando nos toca vivir esa etapa, me confesó mi amiga, de repente te das cuenta de que tu marido se ha convertido en un desconocido.

Estuviste tan atareada tantos años que quizá ni te acordabas de que roncaba o que ciertas manías de él te chocaban. Te olvidaste de compartir en pareja porque estabas muy ocupada con los hijos y luego con los nietos.

Perdiste intimidad y la complicidad que los unió en un principio. La vida pasa volando, lo difícil no es cumplir 50 años de casada, sino contar con la experiencia para mantener viva la relación de pareja.

Si le sumamos que por el camino luchamos contra diferentes enfermedades, despidos y momentos de crisis económica que afectan. Infidelidades, dolor, decepción... aprendemos a perdonar, a recomenzar, a olvidar. ¿Qué nos queda? ¿Dormir en camas separadas, seguir casados, cumplir y celebrar las bodas de oro sabiendo que muy poco queda ya del matrimonio? No estoy de acuerdo.

No importa qué tan distanciadas estemos del marido, nunca es tarde para movernos de lugar. Aceptemos que nos hemos alejado de él, pero no importa si tenemos más de 70 años. Siempre hay una nueva oportunidad. Mi amiga me dijo llena de orgullo que estaba asistiendo a terapia. Y eso es maravilloso porque platicar con un psicólogo una vez por semana es regalarnos salud, obsequiarnos una mejor calidad de vida, trabajar en viejos hábitos y pensamientos que tanto daño nos han hecho, es maravilloso. Pensar que porque ya estamos muy recorridos no hay mucho que podamos hacer para ser mejores personas, es una equivocación.

¡Ánimo, comadres! No importa si tenemos 30, 40, 50, 60 o como mi amiga de más de 70 años. Nuestra única obligación es ser felices.

Si tenemos que meternos a un curso para aprender algo nuevo, o ir a terapia, adelante. No tengan miedo a lo desconocido, al contrario. Motivémonos encontrando nuevas formas.

Adiós fodongas

Un compañero de trabajo me contó lo orgulloso que se sentía de su mujer. "Siempre está arreglada", me dijo. Abusadas, comadres, dejen el mandil descansar un rato y dense su manita de gato para llevar a los niños a la escuela.

Ya no son los años setenta como para llegar con tubos en la cabeza y pañuelo al colegio. Ahora hay desde plancha, tenazas, tubos eléctricos, fijadores, *sprays*, geles y cuanto producto necesitemos para salir decentes de casa.

Antes iban al salón los lunes y les duraba el peinado toda la semana. ¡Ah, pero qué tal dormían como momias y nos limitábamos en las actividades para no sudar! Las lacias, con temor a que se les bajara el chino. Las quebradas, temiendo que se nos pusiera el cabello como lanchero acapulqueño.

Estoy de acuerdo en que vivimos en el ajetreo y tenemos que dejar a los niños en la escuela, si no pasa por ellos el camión, es un rollo. El tránsito nos quita horas y nos descompone el buen humor, pero nos veríamos mucho mejor si le dedicáramos diez minutos más a nuestro arreglo personal.

Duerma un poquito menos o acuéstese más temprano. Deje su ropa lista la noche anterior. Prepare loncheras y uniformes con tiempo para que en la mañana no se despierte como loca en medio del tremendo corre, corre.

Es de muy mal gusto y peligroso andar enchinándose la pestaña y poniéndose rímel durante el trayecto a la escuela. Recuerde que trae a sus hijos y en cualquier descuido puede ocurrir un accidente fatal.

Tome su tiempo y, por piedad, salga de su casa arreglada. Que sus hijos se sientan orgullosos de tener una mamá bonita, no fodonga. Bien dicen que no hay mujer fea, sino mal arreglada.

Todas sabemos sacarnos partido. Tantito *gloss* en los labios. Chapas que nos regalen lozanía y juventud a la piel. Poquito rímel, peine y dele forma a las cejas y tan tan. No necesitamos mucho. Que se vea la intención de no querer salir desaliñadas.

Lleve y traiga a los chamacos pensando en verse bonita. Que su marido se sienta orgulloso de usted porque le da tiempo de hacer todo: trabajar, llevar la casa, atender a los niños y también lucir siempre presentable y hermosa. Pero sobre todo véase al espejo y siéntase orgullosa de esos 10, 15, 20 minutos que se regala todos los días. No olvide darse su tiempo y espacio. Lo necesitamos.

Vivir en pareja alarga la vida de los hombres

Este apartado está dedicado a quienes dicen que el matrimonio es una cárcel y sienten que han perdido desde la libertad, hasta su identidad. A los que tuvieron que abandonar la cascarita de los domingos porque su mujer se ponía de mal humor. A las que dejaron de alimentarse sanamente porque el marido siempre la hacía de tos por no comer gorditas sin remordimientos.

Está dirigido a aquellos que iban a la cantina cada viernes de quincena y su celular no dejaba de sonar cada media hora: "Viejo, ¿tardas mucho en tu junta?" O a aquellas comadres que tuvieron que esconder en la cajuela las compras porque el marido les reclamaba por gastar.

Y sí, uno se casa y hay que cambiar de hábitos. Pierdes independencia, espacio, privacidad, bueno, hasta dinero, dicen los hombres. Pero ahí les va la buena: ganan vida. Así como lo oyen.

Hombres, ¿quieren vivir más? No se divorcien. Un estudio demuestra que los hombres solteros viven menos que los casados. ¡Eh! ¿Cómo les quedó el ojo? Les conviene tratarnos bien, si quieren llegar a viejos.

Las parejas casadas, si trabajan ambos como ocurre ahora en la mayoría de los matrimonios, tienen ingresos más altos. Por lo tanto, obtienen mejores créditos, ya sea para hacerse de un bien inmueble, salir de vacaciones o darse mejores gustos. En caso de enfermedad, tienen quién los cuide. Somos las esposas las que los motivamos a comer más sano y a hacer ejercicio. A los que les gusta andar en moto o manejan a alta velocidad en el auto, una vez que se comprometen y forman una familia, se vuelven más responsables. Cuidan más su vida cuando se convierten en papás. Es ahí cuando baja la tasa de mortalidad por accidentes de tránsito.

Ahora, no se trata nada más de vivir en pareja o estar matrimoniados. Mire, usted...

El hombre, si tiene una mala vida en pareja, de todos modos vive un chorro de años. En cambio, si es mujer, ahí está el detalle, chato. Para la mujer, el estrés marital y la insatisfacción se consideran factores de riesgo cardiovasculares. Podemos morir de un infarto, así que ¡aguas!

Moraleja: a nosotras nos conviene llevar la fiesta en paz y tener un matrimonio bonito. En cambio, los hombres con que agarren esposa es razón suficiente para vivir muchos años.

Coméntele a su marido, comadre, sobre este reciente estudio. Dialoguen y lleven un bonito matrimonio, sobre todo a usted le conviene.

El cuerpo habla

El lenguaje corporal dice mucho de cualquier relación sentimental. Qué desagradable es que en un restaurante una pareja se ande metiendo mano o dándose besos de lengüita. Tan desagradable como que se ignoren toda la velada, se la vivan en el celular o se echen un cigarrillo en el área de fumar para pasar el menor tiempo posible con el marido o esposa.

En el primer caso pareciera una relación prohibida o recién empezada. Ya ve que cuando uno lleva poco tiempo de romance, se olvida del mundo y se siente en las nubes. En el segundo, habla de una falta de amor y entendimiento. Cuando el romance se enfría, cualquier distracción, ya sea el celular o el cigarro, es buena para no tener que entablar una conversación y evitar la mirada.

En cambio, qué bonito ver cómo un hombre le acomoda el cabello a la mujer cuando se le viene encima del hombro. Qué padre ser testigo de la caballerosidad que cada vez se ve menos. Nada más hermoso que el marido le ponga la servilleta en las piernas y abra espacio para colocar la silla en la mejor posición para nosotras.

Eso habla de buenos modales, pero también del amor. Cuando le importas a alguien, te procura y mima. Se nota en la mesa, no le va a dejar ni agarrar la botella de agua, sin necesidad de pedírselo, él le abrirá la tapa.

Enséñele a su pareja que no hay nada más contagioso que mimarse. Mirar la carta del menú juntos, probar un bocado del plato del otro. Pedir un postre para dos y compartir la cuchara.

La próxima vez que salga, fíjese en las parejas que están cerca de usted. Trate de calcular el tiempo que llevan juntos tomando en cuenta cómo interactúan. Si son muy melosos, usted pensará que están estrenando romance. Si apenas se hablan, hace mucho que se casaron, será su razonamiento natural.

En lugar de verlo como algo normal, abra los ojos y ocúpese de cambiar de hábito, si hace mucho que no se muestra en público cariñosa con el marido. No hay necesidad de que se note que es su hombre por una cuestión de pertenencia. Hágalo mejor por disfrutar de su relación en todo momento.

Si no retoma esa parte encantadora de la relación, al rato no recordará ni cómo era agarrarse de la mano. Eso de que uno camine adelante y otro atrás, no está bien. Aun cuando hay hijos, la mano debemos dársela al marido la mayor parte del tiempo que estemos fuera de casa.

Es más, desde el hogar puede jugar a esa complicidad que provoca adicción. Acompáñelo y muévanse juntos en casa. Lávense los dientes al mismo tiempo, espérelo para ponerse la pijama y no se tome su cafecito sola. Comparta ese momento y hágaselo notar para que aprenda por medio de la imitación a esperarla a usted.

Recuerde que el lenguaje corporal habla mucho de su relación de pareja. No sea penosa, demuéstrele su amor en público, no se prive del beneficio de tener una relación abierta y formal.

En estos casos sí se trata de ser cariñosa, es mejor que piensen que usted es la amante a que es la esposa.

No espere al alemán

¿Cómo seremos de grandes? Sí, bien grandes. Cuando ya todo se cayó. Cuando la cana no agarra el tinte. Cuando los dientes se van. Sin duda, no seremos los mismos. Será otra etapa de la vida que en compañía de nuestra pareja será más hermosa, si la sabemos llevar.

Hay quienes en avanzada edad prefieren dormir en camas separadas. Otros se pelean por la andadera o el bastón. Si el otro tose se tapan los oídos, pero hay quienes cierran los ojos cada noche agarrados de la mano, después de pasar más de medio siglo juntos para seguir soñando. Con la misma ilusión de la luna de miel.

A un hombre de una querida pareja le fue diagnosticada la enfermedad del méndigo alemán. Todo se le olvida y pregunta lo mismo varias veces. La esposa llora en silencio, preocupada porque olvide cuánto la ama. Se me estrujó el corazón cuando supe esta historia.

La señora se la pasa recordándole, mediante el álbum familiar, sus viajes, su vida y su familia. Con una dedicación única, por las tardes le prepara el café y comienza a hojear cada etapa de su hermoso matrimonio. Me pareció un fantástico ejercicio. Es una tristeza que el Alzheimer borre parte de la historia, pero qué maravilla que sea el amor y la paciencia quienes pesen más que la misma enfermedad.

No esperemos a que se nos borre el disco duro. Es necesario alimentar y darle mantenimiento a nuestros recuerdos con cierta frecuencia. La tecnología nos hace almacenar cada vez más los momentos que no quedan en papel. Siempre decimos que vamos a imprimir las fotos y entonces llega el nuevo modelo de celular al mercado y lo queremos cambiar.

Arrumbamos el viejo aparato y borramos esos momentos que muestran lo vivido en pareja, tan necesarios para mantener viva la relación.

Funciona mirar cómo han crecido nuestros hijos. Recordar cómo fue el día de la boda. Echar el tiempo atrás y revivir con anécdotas los nervios que tuvimos el día que llegó nuestro primer bebé. Esas historias son las que nos unen como pareja. Las imágenes nos muestran cuántas cosas hemos pasado juntos. Y entonces nos sentimos triunfadores.

Los álbumes nos dan una palmadita en la espalda y nos animan a seguir adelante. No espere a que llegue el alemán, saque el baúl de los recuerdos y desempolve sus memorias.

Llene su hogar de fotos con los momentos más significativos de la pareja y ocúpese de tener muy presente cuánto se aman.

Si Dios nos da salud, serán muchos años los que vivamos bajo el mismo techo. Que nos falle todo de viejitos, hasta la memoria, pero nunca nuestro corazón enamorado.

Viva su amor a través de las imágenes.

Libérese, no se limite

Es cierto que somos complicadas y que estamos llenas de recovecos sentimentales, pero no podemos caminar por la vida con esa mochila tan pesada. Nadie nos pidió que debíamos ser perfectas, comadres. No sintamos la presión de esa gran responsabilidad. Ser esposa, mamá, hija, suegra, cuñada, es mucho trabajo, lo sé.

No tenga miedo de traicionar al personaje en algún momento de su existencia, si así lo requiere. La vida no es una telenovela donde hay que respetar a los participantes creados por el escritor.

¿Se han dado cuenta de cómo en las historias, a la mala, la visten de colores oscuros, el cabello es negro o rojo? Están llenas de crueldad y nunca se permiten un gesto de amor o compasión porque son malas y eso dicta el personaje. Debe ser congruente con los pasos que da, hasta el último capítulo del episodio mientras tenga participación. Claro, porque la malvada tiene que pagar. Siempre termina muerta o paralítica.

La buena de la historia es todo lo contrario. La visten con ropas claras, holgadas, el cabello castaño, poco maquillaje y pone la mejilla derecha cuando le pegan en la izquierda. Sufre todo el melodrama y la pobre sólo nos muestra instantes de felicidad. La alegría eterna se supone la tendrá a partir del último capítulo, que ya no veremos, pues llegó el fin del programa.

Entonces, hay que tener muy claro que, en la vida real, somos únicamente nosotros los escritores y directores de nuestra propia historia. Estamos llenos de matices. Podemos permitirnos ser como queramos. Actuar a nuestro antojo sin tener que respetar un guion.

Dejemos muy en claro, con nuestros actos, que la risueña también puede llorar. Y que la amargada es capaz de gozar, porque no tenemos que estar apegados a ninguna psicología.

Mi recomendación, en este sentido, es bien sencilla: no le haga creer al marido que usted es de un solo modo. Déjese ir y permítase ser usted. Es decir, no se limite con sus emociones. Llore cuando le dé la gana y cuando algo no le parezca expréselo. Grite cuando le nazca, aunque la parsimonia y usted sean una misma. Párese a danzar si la música le llama, aunque nunca haya bailado una pieza.

Muchas veces limitamos nuestras ganas porque nos hemos metido en un traje. Sí, nos decimos al espejo que somos las serias o las responsables y no agarramos nunca una borrachera porque está mal visto y no somos así, fiesteras.

No le digo que sea quien no es. Sólo le recomiendo que no deje de hacer lo que le inspire en el momento porque no corresponde al personaje que usted piensa que le tocó interpretar.

Libérese, no se gobierne ni se limite. Recuerde que una persona feliz y realizada no trae al matrimonio frustraciones. No se espante si le dan ganas de ser diferente. Hágalo por usted y también por el bien de su matrimonio. Ser de muchas maneras tiene una gran ventaja: no aburre.

Vida social

La casa agobia

Una por complacerlos en todo deja de ser quien es en realidad. No es buena idea abandonar nuestra vida para tener al hombre contento, porque tarde o temprano nos sentimos relegadas y finalmente le echaremos en cara que no valoran nuestro sacrificio. ¡De por sí nos gusta hacernos las mártires por naturaleza! Ahora imagínese que no nos den una medalla, un diploma de reconocimiento por tan abnegada labor a fin de mes.

Un estímulo público con aplauso incluido y vacaciones pagadas es lo que nos merecemos, pensará usted, por portarnos bien. Ignorar las revistas en las que aparecen guapos caballeros con el torso desnudo. Todo por ser una buena esposa. No señora, no la estoy incitando a que se porte mal, a que se destrampe. Sólo le pido que no deje su vida social y que no esté siempre a los pies de su marido.

Ellos no son mancos. Si usted es ama de casa, no se va a morir ni el marido ni los hijos tampoco por calentar la comida en el microondas. De vez en cuando pueden prepararse una sopita instantánea. Váyase a tomar unas clases de defensa personal, de *feng shui*, de tejido o lo que sea. Éntrele al pilates o métase al budismo. Cualquier actividad que la haga sentirse ocupada, amplíe su círculo social, busque temas variados de qué hablar.

La entiendo que esté al pie del cañón hasta agarrar el anillo. ¿Ya firmó? Pues ahora suéltese usted misma un poquito la rienda. Desátese de la pata de la cama. Decente, pero no mensa. Sumisa o esclava, jamás.

Muchas piensan que están contratadas como amas de casa. Perdón, pero ningún trabajo incluye estar disponible 24 horas al día. Y si es así se descansa las 24 horas siguientes. Relájese y sálgase del plato de vez en cuando. Dese la oportunidad de que la extrañen. Váyase a ver a las primas de Tabasco, visite a la tía de Veracruz. No tarda el marido en mandarle el boleto en primera, pero de regreso. Si cada que llama a la casa usted le contesta el teléfono al primer timbrado pues, ¿cómo quiere que la extrañe? Si no es estación de bomberos ni puesto de mando. Deje que conteste la grabadora. Una mentira piadosa de vez en cuando no viene mal. Dígale que ahora se metió a un círculo de lectura en voz alta. Que piense que sus tardes son de tertulia. Se oye menos aburrido que imaginarla sudada detrás del comal esperando a que llegue. 70 por ciento de los divorcios, al menos en la Ciudad de México, son solicitados por mujeres, ¿sabe por qué? Porque cuando ya no aguantan al marido salen directo a meter la demanda. Evítese ir al juzgado. ¿Cómo? Previniendo, hablando. Dígale a su marido qué le gusta, cuáles son sus necesidades, sus anhelos, sus sueños.

Conviértase en lo que desee. La casa agobia y tanta presión aturde. Casa, hijos, trabajo. Deudas, gastos. ¿Muchas veces seguramente siente que atiende y se ocupa de todos menos de usted? Común en esta labor de esposa. Antes de pegar el grito, ¿por qué no se regala un bañito de agua caliente? Una escapadita al *spa*, una caminata relajante por el parque. Regálese tiempo para usted. Apapáchese, lo necesita.

Imposible estar de buenas si sólo vive para los demás. Dar es hermoso, pero a la primera que debe darle alimento es a usted. Esposa contenta, marido feliz. Deténgase por un momento y pregúntese si éste es el matrimonio con el que soñó. Está a tiempo, nunca es tarde para arreglar lo que sea necesario.

La casa agobia, pero sólo si usted lo permite. Siguiendo este manual no formará parte de las estadísticas negativas.

¡Shh, no se lo cuente a la suegra!

Importa mucho conquistar a la familia del novio. Tener a la suegra de su lado es un arma poderosa para llegar al altar. Que la cuñada sea nuestra aliada puede ser de mucha ayuda para lograr que el pretendiente dé el gran paso pero, ¿qué pasa cuando nos convertimos en las señoras? Papelito firmado, dueñas y reinas del feudo, somos capaces hasta de desconocer. Es importante mantener y procurar a la familia política, más allá de ser o no malagradecidas.

El marido se sentirá complacido con la armonía que se respire en la mesa. Si ponemos cara de felicidad cuando los hermanos recuerden las travesuras de la infancia, nos anotamos otro buen punto. Pasar vacaciones juntos y que salga de usted invitar a la madre o los sobrinos de su esposo es una caricia al corazón del marido. "En lugar de una nuera, gané una hija." Su pareja estará feliz de escuchar esa trillada frase de la boca de su madre.

El problema está cuando nos excedemos en confianza y empezamos a agarrar a la suegra o las cuñadas como paño de lágrimas. A contarle nuestras intimidades, pleitos y desacuerdos. Desacreditar al marido y lograr que la familia política nos vea en la posición de la víctima, abnegada o heroína de la historia puede ser contraproducente. Recuerde que todo es mental. Sígale repitiendo a la suegra que su marido es el peor del mundo y usted terminará por creerlo. Pero además, al final del día, ¿qué cree que piensa la señora cuando usted le da las quejas? La escucha y hace como que la compadece. Pero al rato que la vea contenta con su hijo pensará que es una rollera o hija de la mala vida. Guarde sus problemas maritales para usted. Ni siquiera los escriba en un diario. Sólo háblelo con el terapeuta y en privado. Ya ve que ahora se han puesto de moda los cursos grupales de superación personal. A la menor provocación andan todos compartiendo frustraciones y culpas.

Lo digo por experiencia. Me ha tocado escuchar cada confesión de infidelidad que parte el alma. No lo haga. Aguántese. Nadie tiene por qué saber lo que sucede dentro de su casa. La próxima vez que tenga ganas de despotricar del marido, muérdase la lengua. Y mucho menos busque desahogo con la familia del susodicho.

Entre marido y mujer nadie se debe meter, no abra la puerta.

En silencio ha tenido que ser... se llama la telenovela. Si tiene que hablar, sólo con el marido. Shh... los problemas de pareja no se los cuente a la suegra.

Al marido hay que saberlo vestir socialmente

Vamos a vestir al marido y no hablo de combinarle la ropa, cosa que no les vendría nada mal. Ya ve que ellos viven en otro planeta y con gran facilidad pueden traer la calceta blanca y el pantalón negro. Me refiero a vestirlo socialmente.

No se ponga hasta atrás si va a un evento y le haga pasar una vergüenza. Con dos copas encima podemos hacerle pasar el peor día de su vida. Tampoco ponga la cara larga durante toda la velada. Seguro a usted se le pasa al otro día el enojo y el resto de la gente qué necesidad tiene de sentir fricción entre ustedes.

Acuérdese que lo positivo, la alegría, la belleza y la armonía, atraen. Los problemas alejan. Déjelos en la casa. No los saque a convivir. Los invitados no se pondrán a ver quién fue el causante de su carota. Simplemente no querrán sentarse cerca de usted.

Si el marido tiene una cena no sólo preocúpese por verse bien. Pregúntele qué gustos tiene la pareja o las personas con las que van a salir. Si les gusta la política o algún tema en especial, prepárese poquito antes para que no esté como momia sentada mirando el reloj o de plano chateando en el celular porque le da flojera la plática. Es muy común que se sienta excluida o fuera de lugar si no va con ganas de pasarla bien. Usted siempre dispuesta y verá cómo le encuentra el lado amable a la salida.

El hombre necesita no sólo quién lo complemente en casa y la familia. En el ámbito social no hay marido más orgulloso que el que puede presumir a su mujer en todos lados.

Sin pasarse de sociable ni confianzuda usted se puede convertir en la esposa más solicitada de las fiestas y reuniones del marido si actúa con inteligencia. Con proponérselo ya tiene 50 por ciento ganado. No se ponga necia y a pretender la razón en todo. Cuide su vocabulario, hable bonito que nada le cuesta. Tampoco agarre y empiece a denunciar al marido enfrente de todos. Para eso hay instituciones, comadre.

La gente sale de su casa para pasarla bien o para hacer negocio, este podría ser el caso de su marido. Su deber es apoyarlo y hacerlo lucir bien ante los demás. Si se levantó de malas mejor no lo hunda, quédese.

El trabajo en equipo debe realizarse dentro y fuera de casa. Todo cuenta, señora. Cambie el *switch* y de ahora en adelante para que su matrimonio sea aún más exitoso conviértase en su media naranja en todas las áreas de su vida.

Caiga bien en todos lados. Donde más se pueda sin pasarse de monedita de oro, con juicio y disposición. Anótese un diez y vístalo socialmente.

No le diga con quién tiene pegue

Cómo nos encanta a las mujeres estar diciéndole al marido quién lo mira con ojos querendones. Podemos hasta reclamarles, aunque ellos ni en cuenta de que andan levantando pasiones. Comadre, por piedad, deje de estar dándole la luz. No le diga que tiene pegue. Mucho menos le comente quién, si de plano está muy guapo, de su círculo social le anda echando el ojo.

Seamos sinceras, ¿cuántas veces no le andamos comentando que la secre le tira la onda? O que hay una cuñada que en cada Navidad o fiesta de cumpleaños, que celebran en casa, quiere llamar su atención. No seamos tontas, ni cuenta se han dado y nosotros poniéndole la alfombra roja para que volteen a ver. Fatal. Y luego de tanto insistir y molestar, allá van ellos.

Total, si de todos modos usted se la arma de tos siendo inocentes, pues ya mejor pecar. Podemos ser obstinadas y atosigadoras. Se nos mete algo en la cabeza y no hay Dios que nos haga cambiar de idea. La agarramos con alguien y le ha de zumbar los oídos sin parar de tanto que la mencionamos. "No me digas que estoy loca porque clarito vi cómo Claudia te echó los perros" y todavía le agregamos un "zorra, maldita". "¿Crees que me chupo el dedo o qué?" A gritos, una y otra vez acusándolos de tener la culpa. Nos encanta señalarlos con el dedo. En cada evento social o reunión que asistimos con otras parejas volvemos a sacar el tema de la tal Claudia.

De tanto repetírselo llegará el día en que su marido se pregunte si será que su esposa tiene razón. Con eso de que tenemos un sexto sentido más desarrollado, empezarán a creer lo que nosotras con tanto fervor afirmamos. Y digo fervor porque de verdad a veces hasta parece que quisiéramos encontrarnos la prueba del delito. Sí, nos encantaría encontrarnos un mensaje amoroso en el celular de la tal Claudia. Todo para sentirnos satisfechas porque tenemos la razón.

Alto, no sigamos cometiendo el mismo error. Una, nos vemos mal. No nos demos al lujo de parecer una desquiciada delante del marido. Y dos, no le digamos con quién tiene pegue. No sólo levantamos su ego, los ponemos a pensar y a dudar.

Es más, los estamos mandando a coquetear, a ver si es cierto lo que afirmamos. Les servimos la mercancía en charola de plata. Cuide a su marido.

¿Cómo le caería escuchar a su marido decirle "bebé" o "chiquis" a sus amigas sólo por convivir?

¿Qué tal esos hombres que te acaban de conocer y te llaman "nena"? ¿En verdad creen que es la onda? Piensan que se oyen modernos y actuales. Es momento de avisarles que el efecto que provoca oírlos es todo lo contrario. Hace mucho que llamarle "chiquita", "hermosa", "muñequita", "cosita", "flaquita", "chiquis", "bebé" o "mamacita", pasó de moda, a menos que se lo digas a tu esposa. Pero cuando piensas que lo oíste todo, no falta que llegue uno y te llame "mami".

Justo anoche un señor estaba presentándose conmigo para un asunto de trabajo y ¿cómo creen que me llamó? Me dijo "mami". Y no fue una vez la que se le salió, no, fueron cinco veces en dos minutos de plática. "¿De dónde, la confianza?", me pregunté. No es *sexy*, no es agradable. No lo hagan. Si quieren verse buena onda, inspirar confianza o parecer agradables, por ahí no va la onda.

Esos adjetivos querendones úsenlos con sus parejas. Porque luego, como bien dicta el dicho: "Candil de la calle, oscuridad de su casa." A su pareja la llaman "vieja" y a las amigas les dicen "chiquita"; a su mujer, "gorda" y a la amiga, "flaquita". No se vale.

¿Sabe qué es de pena ajena?, que una como mujer ande pensando: "¡Qué oso el marido de mi comadre! Cómo les llama a todas con tanta confianza, qué falta de respeto. Todas han de pensar que está tirándoles la onda." A mí no me gustaría enterarme de que mi marido anda con esas ridiculeces. Comadres, platíquenlo con su hombre. Lo más *in* es tratar con respeto a todas las mujeres y comportarse a la altura.

A él seguramente no le gustaría que usted le llamara a otros hombres como le dice a él de cariño. Además de que es un exceso de confianza, es una falta de respeto. No sólo a su pareja, sino también a la mujer. Ya si nos vamos a poner rudos, por algo nos pusieron nombre, ¿no? Díganos por el nombre de pila, es más agradable que un "mami", la verdad.

Pare bien la oreja y préstele atención a su marido. Con toda confianza hágale saber, si lo oye de cariñoso con otra, que eso no está bien. Hablando se entiende la gente. Dígaselo con calma, no en un arranque de rabia. Así que asegúrese de que "muñequita", "cosita" o "hermosa", sólo se lo diga a usted.

Cuatro tipos de matrimonio

Para todo lo etiquetan a uno. Si hablamos de tipo de caras, hay que mencionar la ovalada, cuadrada, redonda y hasta en forma de corazón. ¿Pero pasa lo mismo con el matrimonio? Claro que sí.

Las relaciones de pareja se agrupan en cuatro tipos de enlaces, según mi ojo observador. Aquí les comparto, a ver si se sienten identificados con mis propuestas.

Pareja número 1: tipo John Lennon y Yoko Ono. Esos amantes que se visten del mismo color, van al gimnasio juntos y combinados. Comparten los mismos gustos y aficiones. En público, siempre hablan en plural: "A nosotros no nos gusta la carne", "estamos viendo tal serie de televisión", "hacemos tal dieta o profesamos una vertiente nueva de algún tipo de religión", dicen. Tal parece que son gemelos o cuates. No hay identidad ni independencia. Ellos son uno mismo.

Pareja número 2: la babosa. ¡Ay, sí!, ésos que parecen un caracol: se besan en público con todo y lengua incluida. Se meten mano y se carcajean como si fueran chamacos. Son ese tipo de matrimonios que si no los conociéramos juraríamos que ella es la casa chica o, de plano, la secretaria cariñosa. Siempre traen ganas de amar y les encanta exhibirse públicamente.

Pareja número 3: Los Mascabrothers o Viruta y Capulina. Así es, esos matrimonios parecen pareja cómica. Compartir con ellos es un *sketch*. Uno completa la frase del otro. No se agotan nunca los temas de conversación cuando compartimos en su casa, porque si no es la mujer, es el hombre, pero ellos se recuerdan anécdotas y chistes. Tienen la historia de la suegra, el chiste del viaje en crucero. Cuentan cómo se les trabó el paracaídas cuando saltaron de un avión, etcétera. Total, que pasar tiempo con ellos es diversión garantizada.

Pareja número 4: el paciente y la doctora. Es el típico matrimonio donde el pobre señor tiene que aguantar que su mujer comparta su historial clínico hasta con las visitas. Lo expone delante de todos porque, según ella, "lo hace por su bien". "No tomes refresco y menos de cola", le dice. "Vas a tener muchos gases, gordo", remata. Si osa preguntar la sugerencia del día en un restaurante y le salen con que hay espagueti a la boloñesa, la mujer toma la palabra para decirle: "A ti no te gusta la carne, gordito, además te cae de peso y al rato andas eructando."

No es cosa fácil esto del matrimonio. Échele ojo a ver con qué tipo de relación se identifican usted y su pareja. Yo últimamente me estoy pareciendo al último, ¡qué horror!

También se vale, según la etapa que vivamos, cambiar de etiqueta. Recuerda que todo está permitido menos la monotonía. Es más, ya me estoy animando a moverme a la pareja número dos y luego a la tres. En la variedad está lo divertido. Pruebe y me cuenta.

Los cinco tipos de suegra

Las suegras se han llevado durante años la escoba de la bruja. A mí no me gusta satanizarlas porque bastante suerte he tenido con varias de ellas, pero reconozco que la riegan, cuando se meten a opinar.

Hay varios tipos de suegras, aquí les comparto cómo las catalogo:

1) La segunda mamá

Es el tipo de suegra que nos cae como anillo al dedo a las huérfanas. Ellas te acompañan a la prueba del vestido, te tratan con respeto y cariño. Tanto, que a veces hasta el hijo se pone celoso, no sabe de qué lado está la madre, si del suyo o de la nueva hija. No importa quién tenga la razón, ella siempre va a apoyarla por encima de su retoño. Es una verdadera segunda mamá, cómplice y amiga.

2) La manipuladora achacosa

Es la típica suegra a la que todo le duele. No se le puede preguntar cómo se siente porque ya le apareció un nuevo callo o de perdida tiene reuma. Tiene a la familia pendiente de un hilo. No se puede planear vacación ni salidas de fin de semana porque la señora está muy delicada y en cualquier momento hay que medirle el traje con el que se va a despedir. Y cómo decirle al marido que la suegrita es manipuladora. Antes muerta que meterse en un problema marital por culpa de la madre. Encima vamos a quedar como insensibles. Estas dueñas del directorio médico son capaces de mantener la mesita de noche llena de medicamentos con tal de convencer. Lo mismo toman acupuntura que le entran a la herbolaria. Ellas siempre se están atendiendo la salud.

3) La amiga peligrosa

Son esas suegras tan buena onda que te organizan despedida de soltera con *striper* incluido. Ellas no se han dado cuenta de que usted es la esposa del hijo, andan ligando y la agarran a usted para destramparse. Sus ganas de divertirse van más allá de cuidar su matrimonio. Beben y quieren que usted las acompañe a la pachanga. La invitan a salir de compras y andan escotadas, con falda corta, entaconadas y vestidas de *animal print*. No aceptan su edad, entonces se la pasan en el cirujano plástico y conocen cuanto tratamiento rejuvenecedor hay en el mercado. En lugar de suegra es una amiga peligrosa que anda de coqueta y el marido no ve a la madre como tal. Él no se ha dado cuenta de que así es y entonces jura que es usted la que la sonsaca.

4) La suegra con hijo que tiene "mamitis"

En cuanto usted estrena casa ella llega a poner cuadros. Se lleva al hijo –o va sola– a las tiendas departamentales a surtir el hogar. Usted quiere decidir pero no puede, su marido no se mueve si la madre no le dice por dónde. Usted lo supo siempre, pero pensó que casándose todo cambiaría, ¡y no, las cosas empeoran! Ellas luchan por el poder y en Navidad se avientan puntadas desestabilizadoras. El marido vive bajo tal presión que es capaz de chulearle el pavo a la madre, pero por temor no comenta nada del bacalao que usted pasó tres días quitándole las espinas. Además, aunque usted lleve 15 años de matrimonio el marido sigue tomando en cuenta la opinión de la suegra. Usted ya no sabe cómo hacerle para que el marido crezca y nada, su relación es perfecta, sólo la suegra es la piedrita en el zapato.

5) La abuela incómoda

Es la típica suegra que fue perfecta y nunca se metió en nada hasta que se convirtió en abuela. La corrige a usted en cada visita porque considera que usted es una inepta como mamá primeriza. No se lo dice de buena manera. Se hace la sufrida y la respetuosa, y usted recién parida con las hormonas en las nubes tiene que aguantar comentarios que ni vienen al caso. "No es que me meta, porque a mí no me gusta meterme donde no me llaman, pero hace mucho frío y al bebé está a punto de darle hipo, pues no trae calcetas." Y así, con la misma introducción puede convertirse en un martirio. "A ustedes no los educamos así", dice. Y claro que no, si cada quien educa a su familia como quiere la pareja y no la suegra.

Un consejo. No se tome el trato de la suegra de manera personal. Recuerde que al final del día le dieron vida a su marido. Tómelo con calma, no importa qué tan mala suegra le tocó. Respire hondo y no martirice al marido dándole las quejas de la madre a cada rato.

Mujeres: nada nos gusta

¡Ah, cómo salimos quejumbrosas las mujeres! Trabajo de parto de 28 horas y parir sin anestesia, como quiera. Pero pa' encontrarle defectos al marido, nos sobran motivos.

Es más, antes de que nos firmen, ya le estamos buscando peros. Toda la vida esperando al príncipe azul, rodamos y rodamos, ya que llega en caballo blanco, zapato con hebillota y cabello ensortijado, lo miramos de arriba a abajo y no falta la que le comente a la comadre: "Sí, pero ese tono de azul no es el que me gusta."

Ya no sean tan exigentes. Qué tal cuando el marido se esmera en llevarnos de vacaciones. Ahorra todo el año para subirnos a un crucero. Pasa la tarjeta a meses sin intereses, empeña hasta el anillo de casado, llega con los boletos de avión y con número de camarote y todo listo para sorprendernos.

No crea que hasta el sótano como viajó Leonardo DiCaprio en el *Titanic*. No, él sacó vista al mar y hasta arriba. Piso caro, como debe ser. Nos quiere agasajar como las reinas que somos. Y una en vez de brincar de alegría, le dice al marido: "¿Cómo que nos vamos en crucero? Bien sabes que los barcos me marean."

¿Cómo quiere que el marido sepa que usted se pone mal en alta mar, si nunca se han ido juntos en un crucero?

Si es cierto que a usted le afecta, ¡qué ganas son ésas de molestar! Tómese un Dramamine y ya no dé lata, oiga. Súbase al barco. Por eso luego no nos quieren llevar ni al cine, ¡ah!, porque exigimos *vip*. Ahí van por los lugares asignados y usted en lugar de agradecer, sale con que le choca cómo le truenan las palomitas en la boca o, peor aún, le dice que por qué le escogió una peli de ciencia ficción cuando usted tenía la ilusión de ir a ver una cinta romántica.

Total, con nada le da gusto. Si usted le pregunta que cómo se le ve un vestido, él le contesta que muy bien. ¡Ah, no! Usted se pone como pantera y se enfurece porque jura que le miente. "Dime la verdad. Me veo gorda, dímelo." ¡Uy!, pero si se atreve a decirle que ese vestido no le queda, pobre del marido. Ahí sale usted con que ya no la quiere y que se va a buscar un amante. Sí, porque nos encanta provocarlos. "Si vieras qué pegue tengo en la oficina", "cuando me pongo este vestido, todos se vuelven locos", con esa seguridad hablamos.

Total, si sabemos que nos vemos pasadas de peso, ¿para qué andamos preguntando? Y si nos vemos divinas y traemos tanto pegue, ¿para qué preguntamos cómo nos vemos?

El chiste es buscar la nota discordante. La cosa es dar lata y hacernos notar. Comadres, por favor, amanezcan con miel en sus labios, que puras dulzuras salgan de su boca.

Sea más prudente, no le lleve la contraria al marido y agradézcale cada detalle que tenga con usted. Recuerde que al agradecido se le multiplican las bendiciones. Practiquemos la gratitud, que muy bien le hace a nuestro matrimonio.

Bodas de todos los colores

Si se trata de ser detallistas y demostrar nuestro amor, nada como recordar siempre la celebración del aniversario de bodas.

Muchas parejas preferimos salir de vacaciones cada año y usar como pretexto la fecha de nuestro matrimonio. A mí me gusta acompañar el festejo con una tarjeta donde pueda expresarle mis sentimientos por escrito.

Cada quien tiene su caja de zapatos llena de tarjetas románticas. Yo guardo todo, las de cumple, de fin de año, de aniversario de casados. Bueno, hasta las que me dio cuando éramos novios. Sueño con que mi hija, cuando ya no estemos, las pueda leer. Eso me pasó cuando llegué a La Habana a despedirme de mi madre. Estaba en Londres cuando recibí la noticia de que se había ido de este mundo. Con la diferencia de hora y tiempo de vuelo, no alcancé a despedirme físicamente. Pero hoy sé que nuestros espíritus estuvieron más cerca que nunca, cuando me senté durante horas frente a su cajón favorito.

Allí atesoraba las fotos de familia. Recuerdos de la infancia, su primer rizo dorado, los años mozos en el colegio. También encontré las cartas que mi padre le escribió desde Angola, Alemania, Suecia y hasta España. Noté que, a pesar de sus viajes continuos por el trabajo, durante los primeros aniversarios tenían una relación muy estrecha y amorosa. "Amor mío", así comenzaban todas las cartas que mi padre le escribió. La invitación de bodas, el recibo del hotel donde pasaron la luna de miel, fotos y muchos recuerdos. Mismos que recopilé y traje a México con permiso de mi hermano. Me hizo muy feliz saber que soy hija del amor. Sí, del Amor, que es lo único que necesitamos.

Recuerdo que en casa era importante el 18 de marzo, fecha que mis padres eligieron para celebrar su enlace matrimonial. Mi mamá siempre me hablaba de los detalles de ese día. Los tengo muy claros en mi cabeza. Me relataba la gran noche con la misma emoción con la que yo le conté mil veces cómo Alejandro y yo nos casamos un 3 de diciembre de 2011, en la Catedral Metropolitana.

Este año celebramos las bodas de madera. Reconozco que no he seguido al pie de la letra los regalos que dictan la tradición, pero como nunca es tarde, prometo este mismo año retomar la lista y enderezar el camino.

Aquí se las comparto. Muchas veces nos acompaña la buena intención, pero no le atinamos al detalle.

Las bodas de plata, oro y platino se celebran a los 25, 50 y 65 años de casados, respectivamente.

Primer aniversario: papel	15 años: bodas de cristal
Segundo aniversario: algodón	20 años: bodas de porcelana
Tercer aniversario: cuero	30 años de casados se identifican
Cuarto aniversario: lino	con las perlas
Quinto aniversario: madera	40 años: bodas de rubí
Sexto aniversario: hierro	Le siguen las bodas de topacio,
Séptimo aniversario: lana	jaspe, ópalo, turquesa y zafiro
Octavo aniversario: bronce	55 años: esmeraldas
Noveno aniversario: arcilla	60 años: diamantes
Décimo aniversario: aluminio	75 años: brillantes

Aunque en realidad no importa tanto el regalo sino celebrar. Pueden tener una cena romántica, una salida especial y aunque el presente no corresponda con el material del regalo sugerido en esta lista, sí lo puede mencionar en la tarjeta que dedique y darle la relevancia que este festejo tiene.

No deje de comentar qué aniversario celebran. Si son bodas de algodón, cristal o perlas, el chiste es aplaudirse por el camino recorrido y los logros obtenidos en familia, haciendo equipo.

Felicidades por un año más de amor, entrega y aprendizaje mutuo. Por favor, no olvide celebrar cada aniversario de bodas.

Situaciones de pareja

Hay que fluir

No hay nada que te haga retroceder más en la vida que resistirte a los cambios. Con razón la palabra "fluir" está tan de moda y por aquello de la neurolingüística conviene incluirla y darle uso en nuestro vocabulario cotidiano.

¡A programarse pa' fluir! Cuando al marido se le empieza a caer el cabello entre otras cosas y a crecerle la panza. Cuándo ya no te busca para darte una faena de torero. ¡Ay que fluir! Si en lugar de "mi vida", "mi amor" y "mi cielo", dice "vieja" y "gorda" (de cariño) ¡Ay que fluir!

Y es que las relaciones cambian. Si idealizamos a nuestros maridos pensando en que será un eterno romance, terminaremos por decepcionarnos. Ay que darle cuerda al reloj cada día, buscar nuevas metas en común y volvernos nuevos cómplices constantemente, aplicar el estira y afloja, alimentando siempre las ganas de estar juntos y, repito: fluir.

Tensar la situación y resistirnos a hacer las cosas siempre de la misma forma nos lleva al fracaso. Reclamar, exigir y frustrarnos porque la relación no marcha como cuando llevábamos dos meses de novios y esas mariposas ya no revolotean en el estómago, sólo nos orilla a tirar la toalla.

Ha de estar leyéndome y pensará que después de años de casados su marido ya ni la llama, a menos que se le haya quedado la lista del súper en la casa. Y usted caballero: si su mujer le marca al celular, mejor no le contesta, ¿cierto? Cuando antes moría por correr a sus brazos, ahora mientras menos tiempo pasen juntos, mejor. Se va abriendo un espacio entre ustedes donde cada vez la distancia se hace más grande.

Tanto que ya ni se tocan, ni se miran, ni se hablan. Viven en cordial armonía con un silencio intermedio que resulta apabullante. Sin embargo, él sigue siendo su marido y usted, su mujer. Si está en ese momento de la relación, no deje que la distancia y, peor aún la indiferencia, siga dominando su matrimonio.

Vaya y compre un disco bien romántico, dispárese dos o tres películas que cuenten historias del corazón con final feliz y regrese a casa motivada con el firme propósito de enamorarse otra vez y del mismo hombre.

Olvídese de las diferencias, fluya. Regrese a sacarle plática, a reírse juntos, échese encima la crema para batir si es necesario, pero no se quede de brazos cruzados, inténtelo no sólo una noche, miles si es necesario. Pero traiga de regreso la pasión y las ganas a su cama.

No será como cuando eran novios, pero sí podrá disfrutar de un matrimonio vivo. No se den por vencidos porque las cosas no son como antes, claro que no serán jamás como fueron, busquemos nuevas formas y denle la vuelta con gracia e imaginación.

Póngase creativa y cambie la jugada, fluya y con usted su matrimonio.

Cuando sale defectuoso el muñeco

Con ese cuento de que las mujeres tenemos un amplio umbral del dolor, los maridos se nos están haciendo los chiqueados. Tanto así que prefiero enfermarme yo a que le dé una gripa a Alejandro.

Sudando como caballo fino estaba porque lo tuve que inyectar ¡Hágame usted el favor! Como niño chiquito correteándolo por toda la casa. Y hablando con mis amigas me di cuenta de que no es el único. Todas me aseguran que sus hombres son unos *zacatones*.

Para empezar, ya ve que no les gusta ir al doctor y mucho menos tomar medicinas. En el dentista no se paran hasta que no hay de otra más que sacarles la muela.

Una cortadita o una ampollita en el pie y gritan como si tuvieran dolores de parto. En cambio una, como Rambo. Yo me corto con el cuchillo de pelar papas a cada rato y los vecinos ni se enteran. Ya parece que voy a andar chillando porque me punza el dedo. ¡Me aguanto!

Como me platicó mi comadre: los lleva uno seis meses a tomar el curso profiláctico y ahí nos tienen (uh, uh, ah, ah) cada semana pa' que a la hora del parto se desmayen porque vieron sangre.

Entonces una que los lleva de apoyo, resulta que los tiene que andar cuidando. Al bebé y al papá. Luego los subimos a la montaña rusa y bajan mareados y volviendo el estómago.

No es que una sea de acero, pero yo, quitada de la pena como donde sea y jamás me enfermo. Mi marido, amebas, salmonelosis. Se me descompone con una facilidad que no entiendo. Si usted anda cargando un botiquín de primeros auxilios como yo a todos lados, no se deprima.

Así es. Es lo que hay, es lo que nos toca. Así salió el muñeco, quejumbroso, achacoso, defectuoso, remilgoso, melindroso.

¡Ay bueno! ¿A mí qué me dicen? Lo vivo diario.

Y lo peor es que como dicen las suegras: "Salida la mercancía no se aceptan devoluciones."

Pero yo me he dado cuenta de que ellos lo que quieren es atención. Por eso hacen más grande los síntomas de una gripita. Traer un curita para ellos es recuperarse de una complicada cesárea.

Moraleja: consiéntalo y dele su apapacho. No lo cambie por otro, que más vale enfermo conocido que sano por conocer.

Recuerde que ellos mantienen más vivo que nosotras su niño interior. Vitamínelo, desparasítelo y aliméntelo bien. Mientras más a menudo se le enferme, más atención necesita su amado.

No deje de cargar el gel antibacterial en la bolsa y de darle su tecito con miel y limón al primer síntoma de gripa. Pero sobre todo no deje de decirle y demostrarle cada día cuánto lo ama.

Los detectives privados

Me encontré en internet una cantidad de anuncios de detectives privados que hasta me saqué de onda. ¿A poco el porcentaje de hombres infieles es tan alto? ¿Nos están obligando a echarles ojo? Digo... porque ya ve que nosotras somos unas santas.

Yo le pregunto, comadre, ¿para qué ocupar un investigador y pagar altos honorarios, si con preguntarle directamente al desdichado tenemos la respuesta y gratis? No hay nada que emocionalmente te desestabilice más que la incertidumbre. Pero prefiero irme de *shopping* que pagarle a un Sherlock Holmes.

Si su marido:

- Se levanta como bala de la mesa cuando le suena el teléfono para no hablar frente a usted.
- Recibe llamadas a deshoras y no contesta, argumentando que es un número equivocado o que no conoce.
- Se ha distanciado de usted y no la busca en la intimidad.
- Si de la nada lo ve mirando la pantalla de su computadora o su celular y sonríe solo.
- O llega tarde con manchas de labial en la camisa u oliendo a perfume de mujer...

Es posible que la esté engañando.

Usted tiene la razón y aunque esté casi segura, nadie se lo ha podido comprobar. Cuando le pregunta a él directamente esperando que sea sincero, ¿cuál es su respuesta? Negativa. He ahí el problema, por eso los detectives están tan de moda. ¡Más *fashion* que los *paparazzi* de las celebridades!

Porque a los hombres, desde niños, le enseñan que una infidelidad nunca se acepta. Los puede cachar una en la cama con otra, pescarle un *mail* comprometedor, leer un mensaje de texto. Pero, ¿qué le va a decir su marido? "No es lo que parece."

Un favor caballeros: no nos tachen de locas, mejor vamos a terapia. Todo en esta vida tiene solución. Pero, acéptenlo si de veras se están portando mal.

Luego dicen que las mujeres nos azotamos y le hablamos al segundo frente, a la casa chica, a la capillita y ustedes opinan que nos hacemos muy poco favor. En eso creo que tienen razón.

Pero cómo ven que leí en un estudio que 80 por ciento de los maridos, cuando una los cacha, dejan de buscar a la amante, al menos por un tiempo. Aumenta otro 12 por ciento más si uno le habla a la otra para decirle que no se interponga entre su familia.

A mí esas cosas me parecen de muy mal gusto, pero si usted decide defender su matrimonio y perdonar la camita al aire. Perdón, la canita al aire. Pues olvídese de ser *nice* y mejor formemos parte de la estadística donde el marido deja a la otra si una la enfrenta.

Usted decide en su matrimonio, comadre, yo nomás le comento y le paso los datos. Entre marido y mujer nadie se debe meter, y cada quien tiene sus acuerdos.

Usted tendrá la última palabra.

Vive y deja vivir

No se puede querer a nadie si no te quieres a ti primero. Así que comadre, apapáchese y haga todo lo necesario para que su mundo esté lleno de felicidad en lugar de frustraciones.

Sea y deje ser, viva y deje vivir. Por naturaleza somos controladoras. Al principio de la relación sabemos bien cómo ganarnos al hombre. Una vez que nos firman, los queremos cambiar. Odiamos que tomen la leche directo del tetrapack, en lugar de servírsela en un vaso. Pretendemos que dejen de ir a jugar fut los domingos con sus cuates. Vivimos esperanzadas en que llegarán temprano a casa los viernes de quincena. Ellos tienen su mundo y hay que respetarlo por el bien de la relación. Queremos controlarle hasta los amigos. "Juan no, porque es un borracho. Joaquín menos, porque es un cuzco. Y Miguel siempre te anda presentando viejas." Hasta videntes somos a la hora de quererlos aislar.

Pensamos que mientras menos vida social tengan y con menos personas traten, menos chance tienen de ponernos el cuerno. No comadre, si no se trata de embrutecerlos a la mala. Deje que caminen para que comparen. Una mujer segura siempre va a respetar el espacio de su hombre.

Hágase presente, pero sin agobiarlo. Tache si sale de viaje y usted le habla cada cinco minutos al celular. En la noche le marca a la habitación como patrullera para checar si llegó a dormir. Y tan pronto le contesta el teléfono usted comienza a reclamarle. ¿Por qué mejor no le ayuda a preparar la maleta? Lo manda guapo y de sorpresa le pone una tarjeta con palabras románticas o ya de plano unos calzones rojos perfumados.

O le pone unas sanas barritas de frutos secos para cuidar su alimentación. ¡Suave, sea natural! No se le ocurra mandarle la foto de la boda. Ni el más enamorado va a ponerla en la mesita de noche, ni siquiera en su propia casa. Envíele un desayuno continental al cuarto. Hay mil formas de sorprenderlo sin agobiarlo. Mientras más lejos se vaya por cuestiones familiares o laborales es cuando más lindo lo debe de tratar.

Cuando una es amorosa, hasta cargo de conciencia les da portarse mal. La peor actitud que podemos adoptar es la de la señora regañona. Y menos cuando no está en casa. Cada que se vaya con sus cuates, usted sea una reina.

Amorosa, pero no empalague. No sea la burla de los compadres. Todo con medida. No se trata de ser sumisa, pero sí comprensiva. ¿A poco usted cuando se junta con las amigas no regresa a casa más contenta? Es rico pasar una tarde en el salón. Depilarse a gusto el bigote sin tener al hombre enfrente.

Pues entienda. Así como hacemos "cosas de mujeres", ellos también necesitan hacer "cosas de hombres". De hombres bien. Por supuesto que no estoy hablando de irse al *table dance* o a buscar una amante. Aunque algunos ejecutivos aseguran que en el mundo empresarial para cerrar un negocio hay que hacerlo en los lugares con tubo. Así que no se atreva a decirle que si lo agarra en el antro lo mata. Comprenda, si se trata de trabajo, pues es entendible.

¡Confíe! No trate de controlar hasta de qué lado ronca, ni cuántos chiles le pone a su taco.

Ocúpese de usted, hay mucho que podemos mejorar como personas. En lugar de observar con una lupa los movimientos de su cónyuge, viva su propia vida. Y si no puede dejar de ver los defectos del marido, hágase de la vista gorda.

Muchas cosas son imposibles de cambiar y seguramente esos mismos "defectos" la enamoraron años atrás.

Manos a la obra, viva y deje vivir.

Portar la argolla de casados es obligatorio

Queridos hombres: siempre me pongo de su parte y trato de aconsejar bien a mis amigas para que sean buenas esposas. Pero que se hagan los distraídos para no traer su anillo de casados no tiene perdón de Dios.

Mi marido se anda haciendo pato y deja el anillo de matrimonio olvidado en cualquier parte de la casa. Y eso sí me pone de malas. ¿Pos cómo van a saber otras mujeres que está casado si no trae la marca de que ya está enjaulado?

No anden pensando que estoy loca. He perseguido minuciosamente las pruebas del delito y he podido constatar que ya sea en el lavabo, la mesita de noche o hasta en el auto, deja la muestra fehaciente de su compromiso conmigo donde quiera. Ya no sé cómo hacerle entender que no puede salir de casa sin su anillo. Él me jura y perjura que es olvidadizo, que no lo hace con malicia. Que dizque pa' que no se le raye. Sí, cómo no.

Yo ya estoy a punto de ponerme bien *punky*, total ya me firmó. No creo que me corra de la casa sólo porque me salga espuma verde por la boca. A dos estoy de convertirme en Chucky, a ver si ya me entiende que los casados portan el anillo.

Estuve haciendo una investigación exhaustiva y platiqué con varios caballeros para aclarar mi duda. Y salió peor.

El Hombre 1 confesó: "Yo me pongo mi anillo de casado para ligar, porque muchas mujeres dicen que el hombre casado sabe más bueno."

El Hombre 2 aseguró: "La que quiera algo conmigo ya sabe que es sin compromiso. Mira, pa' que sepan a lo que van."

El Hombre 3 dijo: "A las mujeres les encantan los casados, mi Bigorra, yo no sé qué tiene el anillo, pero siempre que me lo pongo traigo más pegue."

Pero, ¿cómo? Yo siempre he pensado que cuando un hombre trae el anillo puesto te está diciendo, como la canción de la Banquells: "Ese hombre no se no se toca."

El anillo es símbolo de unión y lo que Dios unió, que no lo separe el hombre. Así que, compadres, si no quieren que nos pongamos mal las esposas, hágame el favor (y le hablo directamente a mi marido). ¿Me estás leyendo, Alejandro?

El anillo no saca ronchas ni alergias. Y mucho menos se les va a caer el dedo. Dignifiquen su matrimonio y muestren su argolla con orgullo. Es señal de que usted es un hombre responsable y padre de familia.

No sé si creerles a unos caballeros que dicen usar la argolla para ligar. Esos salieron chuecos de fábrica.

Yo le hablo al hombre promedio, al fiel cuya prioridad en la vida es hacer feliz a su mujer.

Por favor, pónganse el anillo, el de casados, aunque suban de peso con los años. Cremita pa' que entre y a portarlo con amor.

Arroparse hasta donde la sábana le dé

Dicen que mujer que no causa gasto, el marido no progresa. Darse el gustito comadre, a sus costillas, de vez en cuando, se siente padre.

Sobre todo cuando él lo autoriza y hasta te pide que pases la tarjeta.

Pero exprimirle el plástico y estar más preocupada por ir a las tiendas que por hacer el amor, no es lo recomendable. Conocer de memoria las fechas de las rebajas y el horario de los almacenes, habla de que usted pasa más tiempo en los centros comerciales que con el marido.

¿Los temas de conversación giran alrededor de las nuevas colecciones, de los avances de temporada? Tómese un segundo para pensar si no se ha convertido en la motivadora oficial del éxito del marido.

El pobre se esfuerza por subir las ventas en el negocio y anda trabajando hasta doble jornada sólo para pagar las deudas que anda ocasionando la *fashion victim* de la casa.

Mientras, a usted este asunto de tener al marido ahogado, la hace sentir valorada, apreciada y hasta querida. O peor aún, importante dentro del círculo de sus amigas. Es que luego a la hora del café importa más la marca y tamaño de la bolsa que trae, que cómo le va en el matrimonio.

No seamos abusivas, comadres. Los maridos ya ni pueden con tanto gasto. Si usted trabaja, dese su gusto, y si es ama de casa, claro que merece que la apapachen.

Lo que no está bien es querer gastar más de lo que entra.

Arroparse hasta donde la sábana le dé, es un excelente consejo.

Preguntarle al marido cuáles serán las entradas económicas de este mes y ponerse de acuerdo en cómo manejar las finanzas del hogar, también es muy bueno.

Las promociones de doce y 36 meses sin intereses atontan a cualquiera.

No caiga en el juego y en lugar de tener al marido contento, no se dé el lujo de traerlo agobiado. El hombre ya no sabe ni cómo hacerle cada que llega el estado de cuenta.

Mire que a mí me gusta ir a las tiendas. Pero he aprendido que si es por darle gusto al marido, ellos nos prefieren sin ropa. Así que señora hermosa, comadre de mi corazón, no se presione por presumir a las amigas que usted anda al último grito de la moda.

Preocúpese por tener una buena comunicación con el marido. Hablar de la economía del hogar y ponerse de acuerdo de cuánto puede gastar cada quien. No se le ocurra hacer el viejo truco de aumentarle al gasto del consumo semanal. Mentir para guardar el dinerito en el *bra* no es cosa fina.

Duerma tranquila y su esposo también. Regla de oro: jamás gaste más de lo que tienen. Me dará la razón de que los problemas económicos causan diferencias e inestabilidad en la pareja. En pocas palabras son una importante causa de divorcio.

Hágale a la antigüita, búsquese una libretita y anote clarito: ingresos y egresos. Y muy importante, cuánto va a ahorrar cada mes.

Olvídese de estrenar cada fin de semana, ya no deslice sin piedad la tarjeta del marido ni la suya. Recuerde cuidar la economía familiar.

¿Crisis matrimonial o divorcio?

En un arranque, los corremos de la casa y hasta les pedimos el divorcio. Si en el fondo no queremos que se vayan y lo hacemos para que reaccionen. ¡Mala estrategia! El hombre, si no lo echa una de la casa, ahí se puede quedar vegetando por años. Ellos son más prácticos. No se agobian cuando no sienten mariposas en el estómago. Ni nos reclaman por no llevarlos a bailar.

La monotonía no los altera como a nosotras. Ven futbol en lugar de películas románticas. No pretenden tener una vida de película. Viven en paz y no tienen grandes expectativas sobre el matrimonio.

Casa, trabajo, hijos, familia. Ver televisión, un plato caliente en la mesa. De vez en cuando salir de vacaciones, ¿una canita al aire?, ni pensarlo, pueden perderlo todo, ademas, con la falta de presupuesto que hay, ya les quedó claro que la casa chica es inadmisible.

Cumplir los caprichos de la señora está bien. Si necesitamos que sea un poquito mandilón pues, ¿por qué no complacernos? Son menos complicados que nosotras y por mucho más dóciles.

El tema está cuando les ponemos las maletas en la calle. Ellos mágicamente cambian el *switch*. Y lo primero que piensan es que hay un montón de mujeres que quisieran un marido como él.

Y lo peor es que corren siempre con suerte. Y lo digo por experiencia.

Mientras nosotras pasamos por un duelo, mínimo de dos años, tras una separación, ellos salen a la calle y encuentran una diosa, soltera, sin hijos y con carrera profesional dispuesta a amarlos, mantenerlos y oírle sus penas de amor.

¡Qué suerte tienen, caray! Nosotras juramos que nadie tiene nuestra sazón, que ninguna nos hace la competencia. Lloraron y se tiraron en el piso cuando los corrimos de la casa. Entonces, ¿por qué habrían de buscarse otra mujer si todavía nos aman? Por practicidad, supongo. Un amigo el otro día me dijo sobre su esposa: "Yo la amo y la adoro, pero no tengo tiempo para esperar a ver cuándo me quiere de regreso en la casa."

Por eso, comadres, ¡abusadas! Hay que aprender a diferenciar entre divorcio y crisis. No es lo mismo. Tenemos que saber cómo expresarnos y no armar caos donde no lo hay.

Si usted piensa que tiene el peor matrimonio, seguro lo tendrá, porque la mente es poderosa.

Aprendamos a aplaudir y celebrar lo que está bien en nuestra relación. Y a trabajar en pareja e individualmente en todo aquello que nos falta y que por supuesto merecemos.

Haga lo que sea, pero soluciónelo en pareja. Mueva a todos en la casa si es necesario generar un cambio. Hijos, mascotas, familia. Pero no tire la toalla.

Recuerde que un clavo saca otro clavo y eso ellos lo saben aplicar muy bien. No lo corra de la casa porque la relación se ha vuelto monótona y usted necesita sentirse viva. ¿Quiere nuevas emociones? Trabaje para conseguirlas, pero de la mano de su marido.

El hombre no sabe estar solo y mucho coraje le dará perder su matrimonio por un arranque en medio de una crisis. Piénselo muy bien, las crisis tienen arreglo, los divorcios no.

Se vende marido

"Se vende esposo", decía el anuncio que me llamó poderosamente la atención. Pero más abajo leí que se vendía, pero con su auto, su ropa, incluyendo la que traía puesta. Para atraer más clientela, apuntaba la publicidad que el modelo es económico. "No bebe, no fuma, lava los platos. Cuida a los niños y no juega dominó."

A mí me dieron ganas de encargar mínimo dos. No para mí, claro, pensé en unas amigas que no salen ni en rifa. Pero entonces seguí leyendo. "Tiene algunos fallitos de carburación. Carrocería en ópticas condiciones, pequeño escape en el silenciador." De volada entendí que el modelo ronca.

Más abajo apuntaba: "Necesita alineación, balanceo y apriete. No enciende bien y hay que calentarlo." "Pastillas azules a la vista", me dije. Pero, ¿a poco cree que el marido perfecto existe? No siga leyendo historietas. Todos tienen su detalle.

El que no es lento, es flojo. El que es listo no es muy pulcro y así los tiene una que andar reeducando. Y ya que los prepara una como traje a la medida, entonces empiezan a desgastarse por el uso. Mucha panza y poco pelo. Muchos vicios, poca salud.

El que no fuma tiene altos los triglicéridos y problemas de digestión. Y bueno... No vale la pena quejarnos, comadres. Nosotras andamos igual o peor.

A los 28 años ya nos aparece la celulitis, así que mejor, calladas. Nadie es perfecto.

No venda su coche para comprar otro usado. Bien dicen: "Más vale malo por conocido que bueno por conocer." Lo mismo pasa con los maridos. ¿Para qué lo cambia? ¿Para agarrar otro con peores achaques que el suyo?

Mejor dele una arreglada al que ya tiene. Como al auto, llévelo a alineación y balanceo. Dele su mantenimiento de rigor, una *shineada* de vez en cuando y listo.

Si lo deja olvidado en la cochera, se oxida. Con trabajos arranca. Ahora que vea a su marido, véalo con cara de automóvil y póngale gasolina. Púlalo bien, póngale cera y a rodar. ¡Métale kilometraje!

No ponga al esposo en venta porque le van a llegar ofertas. Decía mi abuela que siempre hay un roto para un descocido. Así que no se atreva a promoverlo porque aparecerá compradora.

Hojalatería y pintura al marido. Manos a la obra y notará cómo lo empieza a mirar con otros ojos si es que ya le parece que el modelo está muy visto.

No le abra la puerta al diablo

Qué bien le sale a los hombres echarse una canita al aire. Ellos no se confunden. Tienen muy claro cuál es la oficial y cuál es para echar relajo. Muy distinto nos manejamos nosotras.

Si la intención, comadres, es tener un matrimonio para toda la vida, no se le ocurra abrirle la puerta al diablo. ¿A qué me refiero? A tener un *affaire*, un *rapidín*, una coquetería o una noche loca con un hombre que no sea el marido. Si nosotras pudiéramos dejarlo atrás y verlo como lo ven ellos, todo sería muy diferente. Un desliz, un despeje de mente, una metida de pata o un: "No es lo que estás pensando." Llámele como quiera. Una aventura fuera del matrimonio. Un engaño, hablando en plata.

No digo que esté bien traicionar ni mentir en ninguna de las formas. Pero como nadie es perfecto, podría entender la cornada, mas no echar por la borda una familia, por una calentura. Qué fuerte llamarle así a cinco minutos de pasión, pero no encuentro otra forma de definirlo.

Hijos que sufren una separación, buenos esposos abandonados, todo porque le guiñaron el ojo y usted se sintió atraída.

El hombre que de su mano construyó e hizo realidad todos sus sueños no babea por usted. En cambio, "el nuevo amante" no deja de decirle que merece más. Que está hermosa, que huele rico, que es inteligente. Que, ¿cómo es posible que no la conoció antes? ¿Le suena familiar? Escobita nueva barre bien.

Pregúntese si con el tiempo ese mismo romance no caerá en la rutina. ¿En lo mismo con lo mismo? Claro que sí. No es difícil empezar una nueva relación, el reto está en mantener viva la llama cuando pasan los años. Vivir con el mismo marido no es fácil, lo sé. ¡Más no imposible! Piense cuando sienta que le sube el calor al cuerpo si no está siendo demasiado egoísta.

Cuando no hay hijos ni relación estable de por medio, acabe con el mundo. Experimente, camine y goce, no se limite.

Ya firmando, debe reinar la cordura y madurez. Si le va a mover la colita a cada perro que le ladre, imagínese qué locura. Muchas confiesan, algunos maridos perdonan o se hacen de la vista gorda para continuar como si nada. Como si no se hubiese consumado tal engaño.

Pero nosotras sentimos que nos estamos traicionando. Sí, porque nunca otro hombre nos había movido el tapete. Porque somos casi santas y si fuimos capaces de liarnos con alguien es porque nuestro matrimonio ya no da para más.

No, comadre, no se engañe de esa forma. A todas nos entran las ganas. Es ahí cuando la madurez toma las riendas y es la cabeza la que nos permite perdonarnos el error. Seguir adelante y no causar más daño.

Si la regó, compóngale. No deje a su familia por un romance extramarital. Pero mejor aún, se lo suplico, no permita que le hagan ojitos. No destape la caja de Pandora, porque no la sabremos controlar.

El que juega con fuego se quema, no se pase de lista y ocupe esa energía en mejorar y crecer todo lo que tenga que ver con su relación. Lo mismo cuesta enamorarse del mismo marido que de otro hombre.

Ponga manos a la obra y reviva el gusto y la pasión. Empiece a mirarlo con otros ojos y motívese como lo haría con un amante. Escúcheme bien, no le abra la puerta al diablo, pues nosotras no sabemos cómo salir una vez que estamos en el infierno.

Dueñas y jefas del clóset, la alacena y los muebles

Las mujeres queremos ser dueñas y jefas de la alacena, pero también del clóset y de cada espacio del hogar. Con gran sentido de pertenencia, nos llenamos la boca para referirnos a la cocina como "mi cocina", "mis muebles", "mis cortinas", dejando claro que aquí cada cosa tiene dueño: todo es mío. Recuerde que nos casamos para compartir, no para dividir.

Pelea por los espacios

Casi siempre actuamos sin dolo y si no dejamos espacio para la ropa del señor, no lo hacemos con maldad, pero ah, ¡cómo acaparamos! Pobres hombres, ni un cajón le dejamos en el baño para sus artículos personales. En cambio nosotras retacamos hasta el más mínimo espacio de cremas vencidas, o tenemos una gama de champús para todo tipo de cabello (por si se ofrece). Si nos dan chance, los mandamos hasta la esquinita de la cama y nos ponemos doble almohada, ¿a poco no? Está bien que seamos las reinas, pero no abusemos. Ahora que le salga el espíritu egoísta, medite si no es momento de dejarle lugar en la zapatera al pobre hombre.

Reflexione si no sería bueno sustituir el "mío" por "nosotros" o "nuestro". Ceder un poco de espacio y hacerlo sentir que también tiene derechos en su casa. Dejarle un poco de ganchos en el vestidor y que pueda acomodar su ropa a gusto sin sentirse desplazado por la suya.

Así como acomoda las cosas, ordena su vida. Dime cómo tienes el clóset y te diré como piensas. Échele ojo, haga los cambios necesarios lo antes posible, ponga orden y en esta revolución déjele espacio al marido. Dele su lugar.

Es cierto que en volumen nosotras siempre tendremos más y de todo, pero no sea tan obvia. Hágale un espacio al marido y comparta. El matrimonio es de dos, también en cuanto a espacio se refiere.

Diminutas peleas, pequeñas reconciliaciones

El secreto está en no hacer olas. A muchas les gusta provocar al marido y jalarse hasta de las greñas, ofender y humillarlo. Que se ponga sabrosa la discusión para que el mariachi toque a la puerta. Sí, provocan riña y después se hacen las dignas. Manipulan al marido. Semana y media sin dirigirle la palabra y otra más que no se le sirve alimento caliente sobre la mesa.

¿Todo para qué? Porque juran que las reconciliaciones saben mejor. Es posible que después de una pelea, al llegar a un arreglo sentimental, sepa más rico el reencuentro. Pero la pasas mal mientras llega el momento de pedir perdón. En cambio, la secretaria, la asistente, la vecina o hasta la comadre, están para consolar al marido. La estilista, la manicurista y la *miss* de la escuela de los niños también se ponen a sus órdenes. Todas tienen tiempo para escucharlo. Y no falta la que se avienta el comentario: "No le hagas caso, sabes bien qué feo carácter tiene." O: "Déjala con su actitud altiva, no sabe lo que está perdiendo."

No sé cómo nos las arreglamos siempre para aventar esas pedradas. En lugar de no darles cuerda y suavizar la situación, encendemos la llama. Recuerde que habitamos más mujeres que hombres en nuestro bello planeta, así que abusadas. La competencia es fuerte, no permita que el marido se salga enojado de la casa.

Por ningún motivo ande de conflictiva provocando al hombre. Las peleas traen atraso emocional y económico. Busque la armonía en su hogar. Un espacio en donde el marido esté loco por regresar a su lado. Que sepa que vive en un oasis, alejado del estrés. No lo espere para armársela de tos, sea prudente, mi reina. Con juicio, no lo ahogue.

Deje de armar aspavientos. No busque reconciliarse, busque vivir tranquila y haga a su hombre feliz.

Prohibido decirle te quiero

Ya lo dijo José José, no es lo mismo amar y querer, así que cuando su marido le pregunte por qué usted permanece a su lado, ni muerta le conteste que por cariño. Jamás le diga que está con él porque lo quiere, eso déjelo para el principio de la relación.

Cuando se estaban conociendo un "te quiero" bastaba para tenerlo parado en la puerta al día siguiente. Después de casados, tras haberse jurado amor eterno y haber pronunciado el romántico "te amo" no podemos bajarle a la intensidad.

No comadre. Mucho menos le diga que son los hijos y la familia lo que los mantiene unidos, eso habla de frialdad en la intimidad, fractura y distancia la relación de pareja. Aunque se escuchan cosas peores, eso que ni qué.

El otro día una amiga me dijo que seguía casada porque el divorcio le salía más caro. Otra me confesó que se hablaban poco pero prefería eso a tener que trabajar, ¡mire usted qué descaro! Pero no hay que hacer olas, cada quien que viva la vida como quiera. Pero si su intención es tenerlo cerca, la base es el amor, sea cariñosa en su lenguaje, magnifique y exprese sus emociones con abundancia.

Si hace mucho no se dicen "te amo", empiece usted, dígalo, escríbalo, en privado, en público, delante de los niños, la suegra y quien esté de testigo. Nada como una familia amorosa y todo parte de la pareja, recuerde que los hijos están aprendiendo de ustedes también, y como nunca se termina de aprender, también otras parejas, otros amigos.

Ayer le dijo una vecina a su marido en un restaurante que quería que la agarrara de la mano toda la cena como lo hace mi marido, cosa que tuve que enseñarle, porque él no era muy dado a demostrarme su amor en público. ¿Ve cómo se va haciendo la cadenita?

Clarito vi cómo mi esposo se hinchaba de emoción, para él fue todo un halago. Nosotros aprendimos de otra pareja muy querida a comer todos los días juntos en casa. Acomodamos la agenda para lograrlo, imitando a otros casados.

¿Y sí? Lo que vea bien hecho nunca es tarde para comenzar a convertirlo en hábito, con la práctica se logra. No importa si dejamos de ser afectivos, tampoco si hace mucho no le dice cuánto lo ama, comadre, lo importante es cambiarlo ya. ¡Hoy!

Hay mil maneras de decirle te amo.

Mire, hasta en los frijoles, con un buen pulso agarre el bote de la crema y póngale "te amo". ¿Cómo no? Ya verá cómo lo derrite completito. Hasta el más reacio al amor reacciona. Poco a poco logre el cambio en él, pero sobre todo en usted. Ya verá cómo se siente bonito, se irá a dormir pensando: "Estoy poniendo todo mi corazón y empeño en nuestro matrimonio."

No le reclame si él no la sigue luego luego o no reacciona ante tanto detalle como usted espera. Paciencia y perseverancia y ya verá cómo regresa el romanticismo a su relación.

Los caballeros NO nos prefieren rubias

Es todo un mito que los caballeros las prefieren rubias. Marilyn Monroe triunfó en los cincuenta con el tono platinado deslumbrante, pero los tiempos han cambiado y los caballeros ya fueron encuestados.

Es cierto que nos ven como las más sensuales. De hecho, si un hombre entra a un bar y ve a una rubia, una morena o una pelirroja, se irá directo con la güera, aunque eso no signifique que la sacará de su casa vestida de blanco.

Según ellos, las rubias lucen un aspecto más jovial y amigable. Y hasta más saludables. Se sienten más confiados a la hora del ligue con una rubia, porque juran que no serán rechazados. Este punto es bueno para que caigan en la presa, dependerá de usted, comadre, convencerlo de que es la buena.

Hay que irse con cuidado porque según las encuestas los caballeros consideran a las blondas las más lanzadas. Por culpa de Hugh Hefner, el millonario de Playboy, ellos aseguran que las güeras son de alto mantenimiento. Es cierto que el retoque de tinte y los tratamientos para cuidar el cabello teñido salen más caros, pero de ahí que una no lo pueda costear, es otra cosa.

Cálidas, elegantes y confiables las castañas. Recuerde que para un hombre la lealtad es importante y ellos perciben a las morenas castañas con los pies en la tierra y fieles. Así que van de gane si lo que pretendemos es formalizar una relación.

Las pelirrojas son consideradas dentro de la media respecto a la fidelidad. En cambio, en el aspecto sexual las consideran más activas que a las morenas y rubias. Aunque menos atractivas por percibirlas como temperamentales.

Cada hombre tiene su gusto. Según su educación y vivencias nos agrupan en tipo de mujer acorde al color del cabello. Que si bien en un principio podemos parecerles atractivas es definitivamente en el trato y química donde logramos congeniar.

Yo lo he traído de todos los colores y sé muy bien en qué tono de tinte mi teléfono sonó más. Seguramente usted, comadre, también sabe cuál es el tinte que le sube el *raiting*. Pero eso dejémoslo para las casamenteras. Si ya firmó, el asunto cambia.

Dese gusto, pero también dele gusto al marido. No le llegue con un cambio de *look* desafiante, con el que el hombre se quede mudo o trabado del coraje porque no le gustó.

Vayan juntos al salón, platiquen, escuche su opinión. Eso de que ellos no se dan cuenta si su mujer se corta el cabello o se lo pinta, no es cierto. Están más al pendiente de lo que usted cree, cuando el matrimonio es exitoso.

Bien podría mostrarle *looks* de una revista de cómo le gustaría cambiar de imagen. Escúchelo, seguro usted querrá gustarse pero también al marido.

No se agrie la vida

El matrimonio es el proceso químico donde la media naranja se convierte en limón. Esta frase la he escuchado muchas veces. En ocasiones insistimos en ofrecer un sabor agrio a nuestra convivencia diaria. Confiadas en la firma, no cambiamos de actitud.

¿Qué está esperando? ¿Sacarse la lotería para ser feliz? ¿Tener mejor casa para dejar de pelear por cada cosa que le incomoda del marido? ¿O acaso piensa que unas vacaciones le devolverán la pasión a su relación de pareja? Deje de posponer y atrévase a vivir ahora.

Los años pasan y al final se dará cuenta de que perdió más tiempo en quejas que en gozo. De que su marido no era tan malo, más bien un santo. Y que dejó ir muchas oportunidades de ser feliz a su lado.

En reclamaciones y peleas pasa el matrimonio y sólo nosotros somos capaces de apagarlo. Aprenda a no tomarse las cosas tan a pecho. A no suponer que él ya no la quiere. Ni a sembrar odio en su ser, en función de quitarle valor a cada cosa buena que haga su pareja.

Baje la guardia y dispóngase a agradecer por el marido que tiene. La familia, los hijos y tantas bendiciones que la rodean. Entonces se sentirá en abundancia y lejos de armarla de tos querrá pasar la noche acurrucada al marido.

Despertará en un jardín de rosas encantado. Y se dará cuenta de lo afortunada que es. Olvídese del limón. Repita cada mañana que su esposo es su media naranja. En verdad funciona. Lo que usted quiera creer, eso será.

Por eso cuando los pensamientos negativos lleguen, póngales el ventilador y que se vayan a volar a otro lado. No los deje entrar y mucho menos crecer en su cabeza. Si les permite el acceso sólo cambiarán su actitud y estado de ánimo, comadre. Recuerde que nadie quiere estar cerca de una cara larga o de una señora refunfuñona. Prepárese para un cambio de ph. ¡Hágalo ya! No piense que la firma es segura, esa hay que lucharla y ganársela todos los días. No se condene a usted y al marido a una vida infeliz cuando no la merecen. Ahora es cuando, no pase un día más en penumbras.

Haga lo que sea necesario, pero sea feliz, esa es su única obligación. Si usted está contenta, su marido dará brincos de alegría. No se agrie la vida y cámbiese a la naranja, siempre será más dulce que el limón.

¿Quién sabe más del matrimonio?

Esta noche dará el sí una compañera y nos pidió a las amigas casadas nuestros mejores consejos. Lo mejor fue cómo los hombres, sin tener vela en el entierro, luego luego se apuntaron a darnos su opinión.

Al escucharlos es cuando uno se da cuenta de que saben más ellos del matrimonio que nosotras. Al menos no dan tanta vuelta y están más claros de lo que no les gusta. Aquí les comparto varios puntos que ellos tocaron.

Dijeron que odian que llevemos los problemas a la cama, pero aman que sea allí mismo donde los resolvamos. Se quejaron de que nos convertimos en el diablo una vez que firmamos. Y que con los años tal parece que se casaron con otra persona, porque nada quedó de la novia amorosa y complaciente que los enamoró.

No les gusta que los corrijamos o regañemos delante de la gente. También comentaron que no soportan que le echemos en cara sus deficiencias. Saltó otro diciendo que nos hacemos las mustias y que nos tomamos el papel de señora muy en serio, volviéndonos frías en la intimidad. Este punto me llamó mucho la atención. Debemos ser sinceras con nosotras, comadres.

Que si estoy cansada, que si me duele la cabeza o no estoy de buen humor. Mejor mañana o me espero al fin de semana. Pasan los días y se hace costumbre no tener relaciones con el marido. Mucho ojo porque ellos lo que quieren es *sucutrún* y buen trato.

Métaselo en la cabeza de una vez, ellos son felices si están satisfechos sexual y emocionalmente. No darle problemas y que todo nos parezca bien les hace el día. Se los digo porque anduve apuntando todo lo que los caballeros le dijeron a mi amiga próxima a casarse y llegué a esa conclusión.

Otro señor muy serio se acercó para preguntarnos por qué las mujeres insistimos en cambiarlos. "Así nos conocieron y después de firmarles ya les molestamos. ¿De qué se trata?", replicó.

Póngase para su marido como cuando se propuso a usted misma que ese hombre sería suyo. No le corte la llamada de teléfono cuando él la llame, ni le diga que está ocupada. No le voltee ni le pele los ojos. Mucho menos lo deje sin cenar.

No permita que el enamoramiento se vaya por la puerta. Agárrense de las alas de Cupido y dígase cada día: "¿Cómo voy a conquistar a mi hombre hoy?" Si usted piensa que como es la dueña y señora ya no tiene nada que demostrar, se equivoca.

Mi amiga saldrá de blanco y tendrá al marido amarrado a la pata de su cama, si no olvida que lo que tiene enamorado a su aún novio es que ella, hasta hoy, se ha comportado como la amorosa novia que moría por llegar al altar.

No pierda usted tampoco esa gracia.

Abundancia en el hogar

Mi madre siempre me decía que el orden llamaba a la prosperidad. Tener la ropa limpia y que cada espacio tuviera su luz y su propio ambiente atraía el dinero. ¡Abundancia!

Eso fue hace mucho, cuando todavía no estaba de moda el *feng shui*. Ahora tenemos más acceso a la información, y comparando las palabras de mi madre con el milenario sistema chino de organización y espacio, compruebo que su filosofía concuerda al cien con el *feng shui*.

Por eso a cada rato hago limpieza de cajones. Si pasó un tiempo prudencial y no me volví a poner un vestido, lo regalo. Lo mismo hago con los zapatos. Me la paso acomodando y haciendo movimientos. Hay ciertas cosas que por más que una tenga quién la ayude, debemos hacerlo nosotras, comadres.

Dese una vuelta por la cocina. Seguro tiene varios juegos de cubiertos disparejos. Lo mismo pasa con las tacitas de café o copas y vasos. Sartenes sin mango, ollas sin teflón. ¡Pa' fuera! Saque todo lo que no funciona y que sólo ocupa espacio.

Camine por la casa con el marido. Cerraduras que no cierran bien o puertas que rechinan, apresúrense a mandarlas a arreglar. Cristales rotos, grifos que gotean, no deje que la casa sea un desastre. Por ahí se le va el dinero y no permite que fluya.

Llame a la abundancia con la estufa en orden. Que las cuatro o seis orillas que tenga provean una flama pareja que no tizne los sartenes.

Si tiene un sótano o cuarto de servicio no lo agarre para aventar más basura. Manténgalo ordenado. De nada le sirve tener todo divino, señora, y se le trunque la buena energía porque el marido tenga un desastre en sus cosas.

Póngale principal atención a su recámara. ¿Se ha fijado cómo cuando llegamos a la habitación de un hotel enseguida nos relajamos y no queremos salir del cuarto? Eso es lo que debe lograr en el suyo. Armonía y paz.

Ponga en orden su casa, procure el buen ambiente y las ganas de estar. Llame a la abundancia como me aconsejó mi madre. No digo que el dinero llegue si no se trabaja, pero le aseguro que el orden ayuda a que nada nos falte en el matrimonio.

Casados es de dos

A los europeos no se les ocurre meter en la casa a vivir a un tío o a una cuñada. Ellos son más fríos y hasta a los hijos, cuando cumplen dieciocho, ya los andan mandando a que estudien fuera del país para que no se hagan concha.

En cambio, nosotros, los latinos, recogemos familiares, amigos y conocidos a la menor provocación. "Mi casa es tu casa." Ese dicho se nos metió al corazón desde chicos y se nos olvida que "casados es de dos".

Comadre, ya no meta gente en su casa que no sea su marido, por piedad. Pierden privacidad, intimidad. Si su marido quiere andar en calzones no puede porque usted tiene metida a una amiga en casa. Una prima que venía por una semana y ya lleva seis meses. Y ahora para sacarla está difícil.

Nada como dar un grito o un suspiro a gusto. Sin sentirse observado. Si vivir con el marido no es cosa fácil, ahora imagínese con otra persona más. Al principio es muy bonito porque hasta cambia uno de temas de conversación cuando nos sentamos a la mesa. Pero agarrando confianza los invitados dejan de ser huéspedes para convertirse en un estorbo.

Y si son de esos de los que hacen acotaciones a cada cosa que pase bajo su techo, peor. De los que le dan la razón o cuerda cada vez que usted se queja del marido, qué miedo. O de los que todo preguntan como si fueran investigadores privados. Se sienten tan dueños que hasta reciben a los invitados como si fueran propios. Pasa lo mismo en la casa que con los viajes. Deje de inventar traer a su escapada romántica al chaperón o chaperona. Búsquele una pareja a la quedada y entonces con mucho gusto salgan los cuatro. Al rato usted quiere ponerse querendona y le va dar pena andar de cariñosa. Tampoco está bien comer pan delante de los pobres, dicta el refrán.

No pierda su privacidad que es sagrada y vital para tener un matrimonio sano. Si los hijos, fruto del amor, bien sabemos que naturalmente le quitan espacio a la pareja, ahora imagínese tener embasado (como en el beisbol) a un integrante (llámese suegra, papá, cuñada, amiga…).

Al rato no se queje si su marido consulta más las cosas de su casa con el invitado que con usted. O toma más en cuenta la opinión del nuevo inquilino que la suya.

Sea o no pariente, hágame caso. Traiga gente que no pretenda quedarse temporadas o por tiempo indefinido. Un fin de semana, una semana, hasta unas vacaciones, pero hasta ahí. Cuide su espacio y no regale ni un centímetro de su intimidad y complicidad de pareja. No meta más gente a su guarida. Si lo permite, lo único que le traerán serán problemas. Es muy triste tener discusiones o discrepancias por terceros. Cuide su matrimonio.

Motivos de trifulca en la pareja

En todas las parejas hay discusiones y malentendidos. Si es difícil vivir sin compañía, ¿qué me dice de vivir con otra persona? Pero las peleas son sanas y necesarias. Es importante que en el matrimonio cada quien exprese su punto de vista, es lo más justo.

Pero, ¿cuáles son los motivos más comunes por los que se genera una trifulca en la pareja? Aquí se los traigo:

Celos. Éstos se ubican en el lugar número uno de generador de conflictos. Tanto hombres como mujeres aseguran sentir celos por una compañera o compañero de trabajo. Los hombres sienten más celos.

La relación con el dinero ocupa el lugar número dos. Mire usted cómo está el asunto. A las mujeres nos molesta que el hombre no tenga para invitarnos a salir y a los hombres les incomoda que nosotras por autosuficientes no los dejemos pagar.

Punto número tres, también tiene que ver con el *biyuyo*. A nosotras nos inquieta ganar más que ellos y a los hombres los pone de malas que una los presione para que traigan más dinero a casa.

En cuarto lugar está la falta de tiempo para compartir en pareja, pues ellos pasan mucho tiempo en la oficina o cuando los dos trabajamos, los tiempos no coinciden por los horarios de trabajo.

Punto de conflicto número cinco. Ustedes, caballeros, nunca quieren compartir tiempo con nuestras amistades. En cambio, dejan todo por estar con sus amigotes.

En el lugar número seis, los problemas por la forma de vestir. Ellos se sienten agredidos porque nosotras les criticamos sus combinaciones de caja fuerte. A nosotras nos choca que nos limiten y nos la armen de tos por el escote.

Para cerrar, no podía faltar el amigo de los compadres, el aliado más importante, el rey de las fiestas, ¿de quién hablo? Del alcohol.

Treinta por ciento de los hombres se quejan porque nosotras nos ponemos mal cuando llegan tomados o porque le hacen más caso a la botella que a nosotras. En cambio, más del cincuenta por ciento de las mujeres levantan la voz porque no aprobamos que ustedes sean amigos de la jarra.

Quejas van y vienen, puntos a discutir siempre vamos a encontrar. Benditas peleas de pareja porque donde hay comunicación, hay estabilidad emocional.

Terapia de compras, mentiras piadosas

Últimamente me he vuelto una bandida. Sí, por culpa del marido. Ellos no entienden que nosotras no tenemos nunca nada que ponernos. Creen que compramos por vanidosas, pero ir a las tiendas más que para vernos bonitas, es por necesidad.

Ellos deberían estar agradecidos porque nos encanta darnos la vuelta a los centros comerciales y aprovechar los descuentos. Si bien es cierto que terminamos llevando cosas de la nueva temporada y que no necesitábamos, el placer de comprar es único. Casi orgásmico. Llegamos a casa con una felicidad indescriptible.

Si a eso le sumas que alguna amiga nos acompaña, el placer es doble. Ellos no son definitivamente la mejor pareja para irnos de *shopping*. Siempre están apurados y en su urgencia por salirse del probador nos dicen que todo nos queda bien o, de plano, si ya tenemos un vestido del mismo color, ¿para qué gastamos?

Entonces, no nos queda de otra más que mentir. Sí, dígale que se va de compras, en eso siempre es bueno que sepan dónde estamos, pero no le diga todo lo que compró.

Ellos no entienden, por eso yo escondo las compras en la cajuela. No crea que llego como Pretty Woman y me paseo por la casa con mis bolsas, ¿para qué? ¿Para que me diga que ya me aloqué? De eso nada, ya aprendí. Si él está en casa, ni loca le presumo mis gastos, si no está, entro triunfante con mis bolsas, pero voy directo al vestidor a acomodar la mitad.

Evítese problemas, gaste, pase la tarjeta, pero aprenda a no presumirle sus nuevos pares de zapatos o bolsas. Dosifíquele el estreno.

Otra muy buena es pedirle su compañía cuando él tenga compromisos y le pida que lo acompañe, hacerle el gasto. Yo siempre aplico la de: "Por mí, me pongo cualquier cosa, pero para tu evento necesito ir por un vestido."

Hay que aprender a mover el abanico. Esto del placer de comprar ellos no lo entienden. Una mentirita piadosa de vez en cuando no hace daño.

No deje de gastar y comprar, pero no le cuente toda la verdad de su factura. Eso sólo al contador y a Hacienda.

Siga estrenando, pero que no se entere el marido de cómo su ropero crece y también sus gastos. Aunque en la mayoría de los matrimonios actuales nosotras trabajamos para darnos nuestros gustos y ellos siguen sin entender que nunca tendremos nada que ponernos.

Los nuevos caballeros quieren compartir los gastos

Comadres, perdónenme que sea tan directa, pero si las solteras quieren agarrar novio, o las casamenteras quieren encontrar marido, no les queda de otra más que apoquinar.

Lo de ahora es compartir gastos. Eso de que antes una podía salir sin bolsa ya se acabó. Está demostrado, según las encuestas, que 64 por ciento de los caballeros prefiere compartir los gastos con la pareja.

Pero lo bonito es que en el fondo les da penita. 76 por ciento deja que una pague, pero siente feíto ese tema de tener que aceptar. Ya casados pierden hasta la vergüenza, pero en las primeras citas sí llegan a apenarse. Hay que decirlo. Ellos quisieran que les alcanzara para más. Pero la realidad es otra: los ingresos no son suficientes y a una le gusta lo bueno.

Nosotras como que vamos agarrando los tiempos modernos. 57 por ciento de las mujeres se ofrece a pagar. Nos llaman "las carteras rápidas", pero 39 por ciento de nosotras esperamos que no lo acepten.

En el fondo todas soñamos con un príncipe que maneje buen presupuesto, pero la realidad es otra. Ahora nos tenemos que conformar con un mensaje de texto o un *wap* romántico. ¿Ya checó los precios de las tarjetas con dedicatoria? No bajan de 30 pesos. Y si traen música, peor. Salen mucho más caras.

Urge modernizarnos, queríamos igualdad, es nuestro momento de demostrar que sí podemos, sobre todo las que quieren casarse porque 44 por ciento de los hombres deja de interesarse si nos ven codas.

Si aplicamos ese antiguo discurso de "yo soy una reina, me merezco que todo me lo paguen", se quedarán para vestir santos. Las encuestas no mienten. El hombre espera que en la relación todo sea parejo.

Si anda rejega, le recomiendo que dé su brazo a torcer, comadrita. Debemos ser más consideradas. Agradezca lo que juntos consiguen, más si todavía tiene la dicha de quedarse en casa cuando el marido sale a trabajar. Considere que los sueldos no alcanzan, no se ponga muy exigente porque aunque los maridos quieran ser espléndidos con una, los gastos son muchos. Estiran y estiran la quincena y nomás no alcanza.

No es falta de amor ni de educación, es lo de hoy. Los nuevos caballeros quieren compartir los gastos. Si le cuesta trabajo entender que los tiempos han cambiado, abra su mente y también la cartera, aunque sea para pagar el estacionamiento del cine. El mundo cambió, nosotras también debemos movernos de lugar.

Dé el primer paso

Como seres humanos casi siempre esperamos a que el otro dé el primer paso. No importa si es Navidad. Decimos que es tiempo de amor y paz, pero somos incapaces de mover un dedo para hacer esa llamada conciliatoria que lleva tiempo rondando nuestra cabeza.

Igual pasa en el matrimonio. Esperamos que el marido tome la iniciativa para hacernos sentir queridas. No pensamos en que lo que no le da es porque nadie se lo ha enseñado. No podemos ir por la vida suponiendo y menos esperando.

Si quiere algo, vaya por él. No grite y exija, menos reclame. Haga la prueba y comience usted a dar. Si quiere gente amable, cariñosa y generosa a su alrededor, debe empezar por poner el ejemplo. Sin esperar, se lo suplico, porque entonces cada acción se vuelve un martirio. Claro, porque seguramente usted espera que si llega a casa hoy con un regalo para el marido, mañana mismo él le traerá otro y mejor. Si lo sorprende con un desayuno en la cama, espera que al día siguiente él le responda llevándole mariachis.

La vida no se trata de competir. Se trata de dar. Créame que si usted ve a todos con odio no hay manera de que nos vean de vuelta con amor.

Lo mismo pasa en casa. Intente hacerles la vida más amable a todos en su hogar. Empiece a regalar caricias y besos a diario. No se espere a un aniversario o fecha en particular.

Al principio sentirá que no es usted misma. Con constancia se vuelve un hábito y seguramente todos pensarán que algún bicho la picó, pero al rato verá cómo contagia a cada miembro de la familia, círculo de amigos y hasta en el trabajo creará un clima mejor.

Podrá llegar al lugar más ríspido, tratar a las personas más introvertidas y ermitañas del mundo, no se espante. Haga la prueba sin temor. El amor derrite hasta al corazón más helado.

Bien leí hace unos días que "quien quiera ser amado, que ame". Qué maravilla. Es una dicha saber que cada sentimiento o acción linda que da se la está dando a usted misma. Qué padre saber que todos tenemos ese magnífico poder.

Si el matrimonio no va bien, no necesito cambiar de marido ni ir a que un brujo me diga qué hacer. Tengo el poder de generar amor a mi alrededor. Tengo las armas para no cansarme de dar y con cada persona que me relacione hacer que se vuelva mi vínculo un espejo.

Los triunfadores hacen que las cosas pasen, no posponga. No evada, no huya. Empiece ya con esa llamada que hace mucho quiere hacer, diciendo esas palabras de amor y perdón que hace rato trae atoradas en la garganta.

No se espere al fin de año. De una vez, dígale al marido cuánto lo ama y todos los planes que tiene para su matrimonio. ¿Por qué no se regala un momento para llevárselo fuera de casa como cuando eran novios para ir al cine?

Que se caiga la casa si es necesario. Deje de preocuparse por lo que van a comer hoy y ocúpese de alimentar al matrimonio en lugar del estómago.

Recuerde que cada uno de nosotros tiene el gran poder de dar. Cobije su hogar, sus espacios, al marido. Sin miedo, anímese y haga que las cosas ocurran dando usted siempre el primer paso.

Usted puede ser su propia consejera matrimonial

Sufrimos más por lo que suponemos que por lo que en realidad sucede. Así que si siente pasos en la azotea, visitas extrañas en el traspatio, urge que cambie de actitud. Sale cara la terapia, lo sé. Es por ello que tenemos que aprender a ser nuestros propios orientadores emocionales. ¿Cómo? Hablándonos y cambiando los polos, de negativo a positivo. Lo peor es cuando el marido, bien a gusto, está disfrutando del partido de futbol o tarareando una canción, mientras nosotras andamos dándonos cuerda y lo miramos hasta con odio. No suponga, menos dé por hecho que cada cosa que hace su esposo es sólo por sus ganas de molestarla. Es su marido, comadre, es de su equipo. Es su cómplice, pareja, no el eterno enemigo.

Tenemos que reconocer que luego fantaseamos con la idea de que él tiene una amante. No me diga que no le ha pasado. Yo he andado de fijada y siempre que los maridos van al baño, veo a las esposas desesperadas por agarrarles el celular. Ya sabemos que ellos les ponen claves de seguridad, al igual que nosotras, pero nos encanta estar de metiches. Todo porque suponemos que una rubia despampanante en la oficina los pretende. O tal vez una compañera de la prepa lo encontró en el face y le tira la onda. ¡Comadres, no!

Ya no lo ande sobrevalorando. Nadie se lo va a robar, se lo prometo. Usted mejor póngase a pensar bonito y a disfrutar cada momento, en lugar de ausentarse con la mente dejando entrar ideas que sólo hacen daño. Lo peor es que los esposos nos tachan de locas y tienen razón. Es como la que se levanta de malas porque soñó que le ponían el cuerno. En la vida real, el hombre es inocente. Qué culpa tiene de lo que pasa por su mente.

Dispóngase a dejar entrar sólo pensamientos positivos y constructivos a su cabeza. Comience por agradecer el matrimonio que tiene y notará lo afortunada que es. Contrátese de *coach* emocional y consejera de su propia vida en pareja.

El mentiroso es habilidoso, pero hay modo de cacharlo

No hay nada que dé más coraje que le vean a una la cara de tonta. ¿A poco no? Que nos mientan sin remordimientos, eso sí que prende. El mentiroso es habilidoso, pero hay modo de agarrarlo. No le gaste en detective privado, mejor chéquele bien a las claves que aquí voy a darle.

No existe la mentira perfecta, así que seguramente le sudarán las manos o se pondrá rojo de la cara. Se acelera el ritmo cardiaco y es probable que le tiemble el cuerpo, las manos o hasta la mandíbula.

Ahora que los hay profesionales y seguramente sabrán controlar este tipo de reacciones. Por eso aquí les van otros tips para descubrirlo. No fallan.

Rara vez un embustero podrá sostener la mirada. Eso de mirar a los ojos no se les da porque está inventando una historia en el aire y teme que con un vistazo logremos desenmascararlos.

Fíjese muy bien en los gestos. Mientras se avienta su choro mareador, es probable que se rasque o toque la nuca, también la nariz, el cachete o la barbilla.

Los hay que hasta bostezan o se hacen los que les entró una basurita en el ojo para distraer la atención. Comienzan a tensarse, entonces es muy probable que se dé su masaje en la rodilla o parte superior de la espalda mientras hable.

Nunca mostrará las palmas de la mano, al contrario, las esconderá en los bolsillos o las cruzará. También es típico que agarre un objeto durante la plática y no lo suelte, porque en él descarga toda la tensión.

Fíjese cómo apenas mueve la cabeza y gesticula poco. Es un vivo, controla sus movimientos por temor a que una lo cache.

Le hace una pregunta y tarda horas en contestar. No es preciso, es más, responde vagamente y no toca ni tiempo ni espacio en su discurso. Se hace bolas y se contradice. Va intercalando una mentira entre verdad y verdad.

Si usted, comadre, es de las que le gusta que le mientan, ni hablar. Siga en su Disneylandia si el matrimonio le ha funcionado con puro embuste.

Considero que siempre es mejor saber cuándo nos hablan con la verdad. La mentira no está relacionada en todos los casos con la infidelidad. Es importante ser francos y enseñarnos el respeto mutuo en cualquier relación.

Abusada con las pistas que le compartí. Recuerde que no hay mentira perfecta. Deseo de corazón que no haya elegido a un mentiroso, pero si es su caso, usted ya está preparada para descubrirlo si es necesario. Que sepa el marido que usted no permite las mentiras en su relación.

Amor de lejos...

Dicen que amor de lejos, felices los cuatro. Por eso de sólo pensar en la idea de que el marido se va de casa a trabajar a provincia o al extranjero, nos da pavor. Los tiempos han cambiado. Ahora, a pesar de la distancia, podemos tenerlos muy cerca y lograr mantener un feliz y activo matrimonio.

No se espante si a su pareja le ofrecen un trabajo lejos de casa. Como está la crisis, hay que agarrar chamba donde sea. Ahora mismo la situación económica está difícil, así que nos toca ser comprensivas y hacer ciertos sacrificios por la familia. Claro está que no hay nada como dormir empiernados todas las noches. Tener a nuestro confidente cada día brindándonos su hombro y cobijo, pero hay que apechugar cuando se trata de la economía del hogar.

En este apartado les comparto algunos tips para acortar la distancia si teme que su matrimonio fracase a causa de prolongadas ausencias. Corra a checar con su compañía de teléfono qué planes tiene para agarrar un buen paquete que le permita estar siempre comunicada. Tener acceso a internet es básico. Entrar al chat y mandarle desde memes que le hagan el día, hasta frases de amor, es indispensable. Hágalo reír, funciona.

Es importante no esperar a su regreso para darle las quejas de los hijos o la familia. Manténgalo informado, pero busque el momento apropiado para hacerlo. Encuentre la forma de que los problemas no se acumulen, si no, cuando se vean, en lugar de disfrutarse sólo estarán en pláticas estresantes.

Establezca horarios. Hábitos que puedan convertirse en rituales. Mensaje mañanero, llamada telefónica antes de dormir, por ejemplo. Procure ver algún programa de televisión o leer el mismo libro para que tengan temas de conversación en común. Si no les gusta la lectura, de perdida chequen las ilustraciones del Kamasutra. Todo suma.

Si usted es la que se queda en casa, busque algunos cursos que tomar o involúcrese en actividades humanitarias. No se encierre en el hogar a esperar a que el teléfono suene. Eso sólo convertiría en un martirio la vida de su marido fuera de casa. Ya me la imagino de mal humor descargándole al marido todas sus frustraciones. No es saludable.

No deje de sorprenderlo con detalles y si son a la antigüita, mejor. Use los servicios de paquetería, telegramas o cartas escritas de su puño y letra. Estoy segura de que a su pareja le encantará recibir ese tipo de sorpresas en el buzón.

Muestre interés en los temas de política y un poco de economía. Nada rebuscado, con seguir en redes sociales a líderes de opinión ya tendrá suficiente para debatir con el marido, en caso de que no le llame la atención este tipo de temas.

No trate de adivinar ni leer entre líneas. No suponga, para ser más concreta. Pregúntele directamente al marido si algo le hace sentir incómoda. Sea directa en cuanto a lo que usted necesita. No deje que se enfríe la relación ni la dé por perdida si ve que él no muestra tanto interés como antes.

Atrévase a poner una buena música, prepare una iluminación que invite al deseo. Señora, es el marido, hay que saber motivarlo. Prenda la cámara de la compu y véase apetecible en una de sus videoconferencias. Ya si al rato en Tepito andan vendiendo su baile erótico, méndigo marido. Pero por lo pronto, téngalo entretenido. Puede hacer la conexión también a través del móvil, desde face time, hasta watts con video. Pregunte si no sabe de teléfonos inteligentes y verá que opciones sobran.

Por último, no le caiga de sorpresa nada más para ver si lo cacha en algo, pero sí busque la forma de que no pase mucho tiempo sin que se vean. Vaya sola y también con los hijos a visitarlo. Organice bien su tiempo y finanzas para verse con frecuencia.

Recuerde que santo que no es visto no es adorado. Adiós mito de "amor de lejos, felices los cuatro". Sí se puede.

¿En la salud y la enfermedad?

Menudo compromiso cuando una acepta pasar el resto de sus días al lado de la misma persona. Compromiso mayor dar el sí en la salud y en la enfermedad.

Estará de acuerdo en que la palabra "paciente" viene de paciencia y no todos estamos hechos del temple y tolerancia que se necesita para tratar a un enfermo.

Es necesario que tome en cuenta que el matrimonio está lleno de sorpresas y no siempre son las más agradables. Muchas veces hay que lidiar con infidelidades y hasta con crisis económicas. Lo más común hoy en día es estar desempleado.

Por desgracia, el cáncer ataca a cada vez más personas. Las parejas pierden el rumbo y en lugar de tomarse de la mano y acompañarse en el camino de la batalla se distancían, entonces el aislamiento se convierte en la segunda enfermedad a vencer. Ya sabemos que un divorcio termina por debilitar las defensas de cualquier persona.

Sabemos que mientras más alegres y felices somos, mejor responde nuestro sistema inmunológico. A la gente feliz ni gripa le da. Está comprobado.

Pero si la vida nos enfrenta a una enfermedad, no nos queda más que ser valientes y dar batalla. Siempre he pensado que más importante que la victoria es el entusiasmo que le pones en el camino a coronarte.

A la mayoría nos cuesta aceptar una enfermedad y no distraernos con la pregunta recurrente: "¿Por qué a mí?" Pensamos que a lo mejor estamos tan fatales que no somos merecedores de ser amados en la salud y en la enfermedad.

También existe la otra cara de la moneda. El cónyuge que no sabe cómo ayudar. Que toma la enfermedad con diferente actitud y piensa que ya hizo todo por la pareja. Cada día de mal humor del paciente es una invitación para tirar la toalla.

Es obvio que un marido o esposa sana no se comportará igual que alguien que está luchando por su vida. Cambian los hábitos y las prioridades.

Mientras antes se sentaban juntos a planear las vacaciones, ahora quizá estén buscando al mejor doctor, tratamiento o clínica para salvar su vida.

Si está usted viviendo esta situación, ya sea cónyuge enfermo o acompañante, tome en cuenta las emociones. No sólo se enfoquen en ganar una batalla química. Recuerde que el cómo nos sentimos determina la convivencia y el éxito del matrimonio.

Dialogar ayuda. Ser sinceros y hablar de nuestros temores, también. Recuerde siempre que no somos perfectos. Tomar terapia, pedir ayuda, buscar información, prepararnos para enfrentar una batalla contra cualquier enfermedad es lo más saludable.

Ayude a las emociones. Aprendamos a amar en la salud y en la enfermedad.

Pésimas copilotos

A las mujeres se nos tacha de que somos malas para manejar. En una *parqueada* podemos perder media hora y en un estacionamiento subterráneo dañamos la facia con facilidad.

Pero nadie habla de que somos una pesadilla cuando vamos de copilotos. Seamos sinceras, cuántas de nosotras hacemos como que nos fracturamos la cervical al más mínimo *enfrenón* que da el marido. En carretera le echamos la mirada inquisidora al velocímetro para poner nervioso al hombre. Y por si fuera poco, nos aferramos al techo en las curvas como si fuéramos a perder la dentadura. Con todo y tacón metemos el pie en el freno con total frenesí. Claro, freno imaginario, porque sólo los autos-escuela traen doble pedal.

El marido quisiera bajarnos del auto. Ni puede disfrutar del paisaje porque nada más venimos criticándole su chofereada. Amiga, relájese y déjelo ser el Checo Pérez. Ni van tan rápido ni son tan maletas al volante. Nosotras somos las azotadas. Somos buenas para criticar y meter presión, pero se nos olvida que vamos enchinándonos la pestaña mientras dejamos a los chamacos en la escuela. Piedad, comadres. Tengamos paciencia. Cómprese una revista o distráigase mirando para otro lado y ya no le dé lata al marido cuando venga manejando.

En cambio, esmérese por ser la mejor compañera de viaje. Destápele el agüita para que vaya hidratado y embútale los chicharrones y papitas durante el trayecto. Cómprele unos ricos chocolates con pasitas y póngale azúcar al café.

Acompáñelo, consiéntalo y deje de criticar porque no puso el indicador o la luz larga. Tararéen a coro las canciones de la radio y échele una sonrisita.

Aprenda a disfrutar al marido en todo momento de esta corta vida, incluso cuando le corresponda a usted ir de copiloto en largos trayectos.

Guía matrimonial

En la vida profesional siempre buscamos un mentor, un guía, alguien que nos inspire, nos muestre el camino y lo mismo debemos hacer en el matrimonio.

Ya ve que ser guía es lo de hoy. Todos queremos seguir a alguien: en el Twitter, en el yoga, en el mundo espiritual. Tenemos consejeros de todo tipo: financiero, fiscal, inmobiliario... Es el momento de ir por el matrimonial.

Nadie tiene la bola mágica. No sueñe con cartomántica que nos diga por dónde llevar la vida en pareja, pero sí podemos acercarnos a quienes ya llevan un camino recorrido en esto del: "Hasta que la muerte nos separe."

Como niños, funcionamos por imitación. Mi consejo: júntese con parejas que lleven más años que usted y su marido. Conviva con quienes han sabido mantener viva la llama de la pasión, a pesar del tiempo. Ponga los ojos en un matrimonio que funcione como mentor. No le dé explicaciones al marido. Comience a traerle a la casa a parejas "guías". Usted no pregunte, sólo observe.

Contagie su relación de buenos ejemplos: mire a las parejas que tienen niños pequeños. ¿Qué hacen? Se juntan con parejas que también tienen hijos chiquitos. Si no te molestan los gritos de los ajenos, mejor todos revueltos.

Entonces si usted está casada, debe juntarse con casados. Le sugiero que mire a los que han pasado todo tipo de baches y se mantienen fuertes e ilusionados con el deseo de salir adelante.

Cada día frente a nuestra relación tenemos un gran reto a vencer. Acérquese a un matrimonio modelo que le sirva de guía. Una pareja que admire o que tenga algún rasgo que a usted le gustaría imitar. Lo bueno siempre se contagia.

"El consentido"

Atención y más atención, eso queremos todos: ser los consentidos de la abuela, el favorito de la madre y el preferido de la maestra.

No sé si es para sentirnos especiales o por inseguridad. Lo cierto es que todos, absolutamente todos, deseamos ser el predilecto de alguien. Entonces, en un matrimonio, es muy común que cuando lleguen los hijos, la mujer, con tantos mimos para el bebé, haga que el marido se sienta desplazado.

Parece hasta tonto e inconcebible, pero así es. Si no habían experimentado los celos por una mascota, la amiga o algún familiar, con los hijos, al menos con el primero, aparecen los celos.

Claro está que es un proceso de adaptación. Es natural que cambie la dinámica de todos los hábitos en el hogar, pero se altera la convivencia.

Mucho ojo, porque hay matrimonios que no pasan la dura, pero hermosa prueba de un bebé en casa.

Los niños necesitan de nuestra atención y cuidados, un bebé te absorbe más de 24 horas al día. Además de que experimentas un amor tan grande que pone a temblar a cualquiera. Aun cuando es un amor producto de los dos, ¡aguas con la relación de pareja!

Me pasó con mi esposo cuando oyó que yo le decía a mi hija: "Amor de mis amores." Hasta me preguntó si era cierto.

Me dio un sentimiento. Entendí que se sentía desplazado. Entonces me cayó el veinte y me dije: "Manos a la obra, es momento de que él se sienta mi consentido, el predilecto, el mismo que siempre ha sido y siempre será", porque yo lo elegí para que sea el amor de mi vida y formar una familia.

Entonces, ser mamá es otra cosa muy distinta. No hay que confundir la gimnasia con la magnesia, como diría mi mamá. ¡Vámonos por partes!

Soy esposa y mamá. Y quiero ser como ustedes, la mejor mamá del mundo, pero también la mejor esposa.

Seguramente, comadres, ustedes eligieron a su media naranja. Entonces, ni por los hijos, ni el trabajo, o cualquier otro compromiso o amor que tengamos debemos hacerlos sentir menos importantes porque algo urgente nos demanda tiempo y esmero.

"Son rachas de chamba", a veces decimos, pero si le damos prioridad en ese momento al trabajo, cuando volvamos a la cotidianidad es posible que nuestra relación no sea la misma.

Igual pasa con los hijos: "Están chiquitos, cuando crezca será otra cosa." No, cuando los hijos estén mayores, y también nuestro matrimonio, si no nos dedicamos a regar la plantita todos los días, es muy probable que nuestro amor esté más que seco.

Igual le digo a los hombres: "No le llame la madre de sus hijos, si es su esposa." Tal parece que sólo somos madres y no se olvide que también esposas. Dos chambas muy distintas, pero muy demandantes.

A cada cosa hay que darle su lugar e importancia. Si siente que se ha dedicado más a ser madre que mujer de su marido, retome la relación. ¡Ánimo, nunca es tarde para reprogramarnos y volver a empezar! Corra a reelegir al consentido de su corazón, apapache al amor de su vida. Reencuéntrese con su marido en la intimidad, en la mesa, en la sala, en la recámara del hogar, hágalo sentir el predilecto, el elegido, desde siempre.

Malditos celos

Uno de los sentimientos más horribles y traicioneros que existen son, sin duda, los celos. Traicioneros porque nomás lo hacen sentir mal a uno y cuando la pareja es inocente, también. Pero peor aún, cuando el marido es culpable, de todos modos se va a sentir incómodo si una lo perdona.

Nunca, nunca, nunca, van a reconocer que la regaron. Los hombres están educados para jamás aceptar que nos engañaron.

Están entrenados hasta para pasar el detector de mentiras. Puede una encontrarlos en la cama con otra, cacharlos con un mensaje comprometedor en el celular, la camisa manchada de labial y qué nos van a decir: "No es lo que estás pensando."

Así que, comadre, no insista. Para qué quiere agarrarlos en la movida si de todos modos nunca van a darnos la razón.

Ese afán que traen muchas de cacharles algo, no tiene caso. Nada más nos damos el quemón y nos vemos con mucho tiempo libre para andar investigando.

Total, ya sabemos cómo van a reaccionar. Nos la van a voltear y van a decir que les invadimos su intimidad por agarrarles el celular. Con los amigos no nos van a bajar de locas desquiciadas. O de general de división.

Bueno, es que así le dicen a una amiga. Que bien le fue con el apodo, porque más bien parece rottweiler. Anda siguiéndole los pasos. Se aparece donde no la llaman, pero ella ahí está siempre. Montando guardia. Ya parece Vitacilina: "En la casa, en el taller y en la oficina."

Si anda usted como perro sabueso, ya dese su lugar. Considero que no hay que echarles tanto ojo al punto de asfixiarlos o hacerlos sentir incómodos. Y además rebajarnos. No me diga que no nos vemos inseguras al demostrar tanto celo.

Unos celos *light* de vez en cuando, caen en gracia. Pero diario armarla de tos, no da buenos resultados.

Invierta el tiempo en halagarlo y levantarle el ánimo diciéndole que es el más guapo y caballeroso. Dígale cuánto lo ama, pero elimine los celos de su vida.

Los malditos celos sólo ensucian y cansan su relación. La próxima vez que piense en hacerle un *showcito* para reclamar y señalar, piense que es tiempo que pierde y que bien podría invertir en pasarla bien.

Es más, si usted cree que sufre celos al punto de ser patológicos, no dude en tomar terapia. En verdad, piense que vinimos a ser felices y los celos enfermizos nos quitan toda posibilidad de vivir en paz.

Aléjese de los celos lo antes posible porque sólo destruyen la relación de pareja. Recuerde que el celoso no sufre por lo que ve, sino por lo que imagina: domine sus pensamientos.

No es como lo pintan

Esto del matrimonio, desde que se inventó, parece que ha traído más dolores de cabeza que alegrías. Pero lo cierto es que nacimos para estar en pareja y el león no es como lo pintan.

Nos quedamos con las historias de horror y misterio. Divorcios y demandas, en lugar de inspirarnos en las parejas que llegan a la vejez felices y enamorados. Que en verdad son muchas.

Es allí donde tenemos que buscar la inspiración. En esas familias que logran reunirse en Navidad, en armonía y paz. Donde los nietos traen regocijo y orgullo. Deje de tener miedo por lo que pueda salir mal y enfóquese en todo lo que pueda salir de maravilla.

En el matrimonio, como en la vida, todo es cuestión de actitud. Trate de rodearse de gente positiva y usted mismo, anímese, échese porras.

Aplauda cada logro en familia y siéntase contento y orgulloso con la vida que tiene.

Encontrar la media naranja no es cosa fácil. Viera la cantidad de gente que va sola al cine o se queda en casa porque no tiene quien le haga compañía. Y uno que tiene con quien y no lo aprovecha.

Yo los invito a que demos gracias. Sí, por la pareja que elegimos y la familia que formamos. Saquemos del baúl esos sueños que dejamos olvidados porque nos parecieron imposibles.

Usted no haga caso de la crisis. Que hay que recortar el gasto, que ya no podemos ni entrarle a los meses sin intereses porque las tarjetas ya no dan para más, es cierto. Pero que no le pegue la crisis a su matrimonio.

Pregúntele a sus papás, a los abuelos, si en sus tiempos no tuvieron crisis económica. Seguramente le dirán que sí. Y no por eso dejaron de sacar una hipoteca. Otros con mucho esfuerzo pagaron los estudios de los hijos.

Y de eso se trata la vida. De agarrarnos fuerte de la mano con nuestra pareja. Ser felices, trabajar en equipo, viéndolo todo por el lado bueno.

Reír, gozar, hacer el amor, darnos un gusto que no debemos, de vez en cuando. Planear un viaje. Que se nos suban las copas alguna vez. Sorprender a la pareja. Dejarnos consentir. Decirle cosas lindas, escribirle una carta de amor. Pedir perdón, perdonar.

No espere a mañana. Póngale sabor a la vida, a su relación de pareja. Somos muy afortunados de vivirla y más aún si tenemos con quién compartirla.

Hasta pronto queridas comadres, amigas, esposas...

Comadres, no quiero despedirme sin abordar un tema que me parece muy importante, el de los matrimonios ensamblados. Cada vez es más común encontrarnos en las nuevas familias con hijastros viviendo y conviviendo con la pareja. A veces es el marido quien viene de un divorcio y en otras muchas ocasiones es la mujer. Traen a la nueva relación hijos de matrimonios anteriores.

A estas historias luego se suman los hijos del matrimonio actual y ahí les encargo la lucha de egos y problemas de convivencia. La casa se puede convertir en un infierno si no ponemos todo de nuestra parte.

Con tal de salir de blanco muchas comadres piensan que los hijos "ajenos" es lo de menos. Con eso de que no son nuestros biológicamente no tenemos por qué comprometernos con ellos.

"Mi compromiso es con mi marido, no con los hijos", me dijo una amiga cuando ignoró a los chamacos de la pareja, viviendo bajo el mismo techo. Grave error.

Imagínese el clima de tensión que se respiraba en esa casa. Pobres hijastros, pobre marido. ¡Y pobre amiga! Ella también sufrió el cambio. Educada en una familia tradicional, nunca había tenido que enfrentar este tipo de situación.

Debemos estar conscientes de que ya sean propios o ajenos, los hijos merecen tiempo, amor y respeto. No importa si son chicos o grandes, siempre necesitan el amor de los padres y también el afecto en círculo donde se desenvuelven.

Si su marido tiene hijos de una relación anterior es momento de asumir la responsabilidad, alejada del cliché del papel de la madrastra que aparece en los cuentos. Olvídese de "La cenicienta" o "Blancanieves", mejor piense en la maravillosa huella que puede dejar en la vida de otro ser humano.

Si esta es ahora su familia, dese la oportunidad de ser feliz trabajando enfocada en la armonía del hogar. Con amor y paciencia no hay imposibles. Lo digo por experiencia.

Al principio los chicos nos ven a las esposas como alguien totalmente ajeno a su mundo. Un divorcio es doloroso para todos y mucho más para los pequeños. Los niños vienen de pasar por un proceso difícil, así que a nosotros nos toca sensibilizarnos.

Usualmente pierden la cercanía física o emocional con alguno de los padres. Su seguridad emocional también se ve afectada.

Un cambio de casa y adaptarse a una nueva familia, definitivamente afectan la estabilidad, seguridad y rutinas de los chavos.

Nos toca a los adultos ponernos en sus zapatos. Aligerarles la carga, y no solamente a ellos, también a la pareja. Lo ideal es generar un ambiente armónico donde todos los integrantes de la nueva familia nos sintamos relajados y a gusto con el nuevo núcleo que hemos formado.

Las mujeres somos muy competitivas. Nos ciegan los celos hasta el punto de pelear por amor cuando en realidad se trata de sumar y no de competir. Muchas ponen a los hombres en aprietos exigiéndoles elegir entre los hijos o ellas, ante cualquier situación.

Respeto comadre. Si se va a aventar el tirito, pues hágalo de corazón. Como bien dicen por ahí: "Uno como sea, pero las criaturas."

Si usted siente celos o inseguridad, está incómoda y no sabe cómo manejar la situación, acérquese a la pareja. Dígale cómo se siente. Compártale sus miedos. Sea sincera y lejos de manipular o querer el control lleguen a acuerdos.

Le recomiendo que lo haga lejos del enojo y el ego. No tense la relación. Piense en los hijos, ya sean suyos o del marido, o de ambos. Los niños no merecen que los adultos desquiten en ellos sus frustraciones.

Un hogar armonioso debe ser el objetivo. Ya no presione al marido ni viva usted bajo el estrés de la competencia de amores. La fórmula para ser felices es sencilla: ¡Sume en lugar de dividir!

Deseo de todo corazón que después de leer este libro escrito con mi corazón hayan encontrado una nueva motivación para empujar el matrimonio rumbo al éxito. Creerte capaz es el primer paso para alcanzar cualquier meta. Lánzate a la conquista diaria de tu pareja. Debes hacerlo con coraje y determinación. No conozco ningún matrimonio dichoso que no haya tenido que enfrentar duras pruebas; caminar con cicatrices a cuesta, crecerse ante la adversidad, pelear contra sus propios miedos y demonios para seguir adelante.

Esas son las relaciones reales, las que no son perfectas. Basadas en el amor aprenden a salir airosos después de cada dificultad. Cree en ti, en tu pareja y en el gran poder que tiene el trabajo en equipo.

Cuando dos personas están dispuestas a ocuparse de su matrimonio, hacen lo necesario para mantenerlo sólido y saludable. Los dos deben sentirse valorados, apoyados y respetados por la pareja.

No te permitas levantarte en las mañanas y esperar a ver que te depara el día, ése no es el camino. Tienes en tus manos el gran poder de elegir a tu marido o esposa todos los días. El poder de amar profundamente y caminar con el corazón lleno del sentimiento más maravilloso que existe. Ese regalo de Dios tan único que nos impulsa a lograr cosas increíbles.

No dejes de soñar. No importa cuántas veces tengas que reinventarte o cuan flexible debas hacerte para convertirte en la esposa que deseas.

Este Manual nos sirve a todas las mujeres casadas y a las que buscamos el amor, yo muchas veces vuelvo a leer los apartados que escribí para refrescar mis hábitos. Mi marido ya sabe que cuando estoy leyendo el manual el que va a salir ganando es él, así que ni me interrumpe.

Y es que, de verdad no es fácil cambiar patrones y conductas. La cabra siempre tira pa›l monte, dicen. Entonces vuelvo a leerme, me vuelvo a encaminar, a motivar. He aprendido a reírme de mis propias metidas de pata. No me castigo ni me atormento con culpas. Me reprogramo y vuelvo a empezar.

Comunicación, verdad, pasión, constancia, respeto, admiración, consideración, no tomarte las cosas tan a pecho, son fundamentales. Fluir con la vida y las circunstancias. Ser agradecido, creativo, original. Incansable, constante, sorprender, contagiar de lo bueno a la pareja y al círculo cercano. Dar y dar amor siempre, sin cansarte. Estar dispuesto a perdonar, aprender, a reinventarte, a escuchar. Echar mano de la prudencia, solidarizarte con la pareja. Conciliar, motivar, abrazar, besar.

Son muchísimos ingredientes, lo sé. Sencillo no es, pero imposible tampoco. Es cuestión de definir muy bien tu meta y trabajar en ella todos los días como lo hacen los campeones. Algo que he aprendido es que un triunfador no tira la toalla, no se cansa: ¡Tú tampoco te rindas!

En el matrimonio cada día nos enfrentamos a un nuevo reto. No pierdas de vista que las relaciones de pareja todo el tiempo se ven afectadas por nuevos cambios. En ocasiones planeados y en otras inesperados. Siempre hay que estar dispuestos a enfrentarlos y a aprender de ellos.

La llegada de los hijos propios a la vida en pareja me gustaría abordarla en otra ocasión. Recién me estrené como mamá y vaya que hemos tenido que adaptarnos a una nueva etapa.

Mi esposo y yo cumplimos un sueño casi imposible que transformó nuestras vidas de una manera positiva. Pero ha sido un cambio total al que hemos tenido que adaptarnos y trabajar más aún en el matrimonio. Nuestra hija, sin proponérselo, se lleva toda nuestra atención y nuestro corazón con cada respiro. Además de venir a movernos cada regla y hábito que ya teníamos más que establecidos en casa.

Esposa y mamá es un tema que ya estoy trabajando para compartirlo con ustedes.

Por ahora aquí está el *Manual de la buena esposa*, mi experiencia y la de muchas otras mujeres para que usted logre una relación de pareja feliz y duradera, aquí encontrará lo que sea necesario para tener un matrimonio saludable. A trabajar, no hay nada más hermoso que sentirnos orgullosos de nuestros logros. Contagia a tu pareja, hagamos equipo, así, cuando los demás te vean, en las buenas y en las malas, pero juntos, les dirán... y vivieron felices para siempre.

Manual de la buena esposa, de Raquel Bigorra,
se terminó de imprimir en mayo de 2016
en los talleres de
Litográfica Ingramex, S.A. de C.V.
Centeno 162-1, Col. Granjas Esmeralda, C.P. 09810 México, D.F.